权威读本

全国人大常委会法制工作委员会行政法室 编著

中华人民共和国
资产评估法
解读

主 编

许 安 标

（全国人大常委会法制工作委员会副主任）

副主编

黄　薇

（全国人大常委会法制工作委员会行政法室副主任）

中国法制出版社

CHINA LEGAL PUBLISHING HOUSE

撰稿人：黄　薇　　韦武斌　　刘海涛
黄海华　　李慎秋　　张　涛
齐　冰　　曹　阳　　张晓莹
黄宇菲　　田　林　　杨　威

前　言

2016年7月2日，第十二届全国人大常委会第二十一次会议审议通过了《中华人民共和国资产评估法》，自2016年12月1日起施行。

资产评估法立足于规范评估行为，明确了评估机构、评估专业人员的权利和义务；体现行政审批制度改革精神，放开了评估从业人员资格准入，将评估机构的设立审批改为事后备案；为保护国有资产和公共利益，对法定评估作出了严格要求；贯彻政社分开要求，明确了行业协会在自律管理方面的责任。资产评估法的颁布施行对规范资产评估行为，保护资产评估当事人合法权益和公共利益，促进资产评估行业健康发展，维护社会主义市场经济秩序具有重要意义。

为了配合资产评估法的学习、宣传，帮助广大读者准确理解法律的规定，保证法律的贯彻落实，我们编写了这本法律解读。本书由全国人大常委会法工委副主任许安标同志担任主编，全国人大常委会法工委行政法室副主任黄薇同志担任副主编，全国人大常委会法工委行政法室的有关同志共同撰稿。本书力求准确、详尽、通俗地解释每个条文的含义和立法背景。因时间和水平有限，如有不妥和疏漏之处，敬请批评指正。

编　者

2016 年 7 月

目　录

附　录

第一章 总 则

第一条 为了规范资产评估行为，保护资产评估当事人合法权益和公共利益，促进资产评估行业健康发展，维护社会主义市场经济秩序，制定本法。

条文主旨

本条是关于立法目的的规定。

立法背景

资产评估是指由专业机构和专业人员对资产价值进行评估、测算的市场服务行为。我国的评估行业随着社会主义市场经济的建立而产生，并不断发展壮大。20 世纪 80 年代，评估行业主要服务于国有企业转制过程中国有资产的产权交易。随着土地有偿转让、房屋买卖、矿产资源开发等产权交易种类的扩大，在不同领域里针对特定资产的评估制度逐步建立和发展起来，目前，全国有各类评估机构 14000 多家，评估师 13 万多人，评估专业人员 60 多万人。评估行业的发展对于服务产权交易、完善经济秩序、维护资产所有者和投资者权益发挥了重要作用。但是，由于缺乏法律规范，行业监管薄弱，在国有资产产权交易、土地征用、房屋拆迁等领域出现了国有资产流失、交易价格显失公平、资产所有者权益受损、评估行为不规范、法律责任不清等问题，需要制定专门的法律予以规范。

资产评估法是十届、十一届、十二届全国人大常委会的立法规划项目。2006 年 6 月，全国人大财政经济委员会成立了资产评估法起草组，成员单位有国务院法制办、财政部、住房和城乡建设部、国土资源部、商务部等部门以及评估行业协会、部分评估机构和有关科研院所。起草组成立以来，深入开展调查研究和反复的研究论证，历时六年形成草案，于 2012 年 2 月提请十一届全国人大常委会第二十五次会议审议，之后十二届全国人大常委会又分别于 2013 年 8 月、2015 年 8 月进行了二次审议和三次审议，最终于 2016 年 7 月 2 日，由十二届全国人大常委会第二十一次会议进行第四次审议，并顺利出台。在立法过程中，立法机关贯彻科学立法、民主立法原则，进行了深入调研和广泛听取意见，主要是：

一是三次通过中国人大网，向社会公开征求意见。在资产评估法草案进行一审、二审和三审后，全国人大常委会法制工作委员会通过中国人大网站三次全文公布草案，向社会征求意见，共收到 8485 位网民的 191784 条意见和 54 封群众来信。二是全国人大常委会法制工作委员会将资产评估法草案印发全国各省（区、市）和中央有关部门、部分企业、高等院校等单位，书面征求意见。三是全国人大法律委员会、常委会法制工作委员会深入江苏、广东、北京、天津、安徽、福建、上海、山东八省市进行调研，广泛听取全国人大代表、政协委员、评估专业人员、评估机构、评估行业协会、有关部门和专家学者的意见。四是召开立法前评估会。全国人大常委会法制工作委员会于2016年6月7日召开立法前评估会，邀请部分全国人大代表、全国政协委员、专家和评估行业协会、评估机构和基层评估行政管理部门的同志共同就法律草案中主要制度规范的可行性、法律出台时机、法律实施的社会效果和可能出现的问题等进行评估。大家普遍认为，评估行业专业性强，应当通过立法规范评估机构及其从业人员的执业行为，保护评估当事人的合法权益和公共利益。草案立足于规范评估行为，明确评估专业人员和评估机构的权利、义务和责任；体现行政审批制度改革精神，总体上放开从业人员的资格准入，将评估机构的设立审批改为事后备案，同时为保护国有资产、维护公共利益，对法定评估业务作出严格要求，将改革的要求和现实的需要有机结合；贯彻“政社分开”要求，明确行业协会在自律管理方面的责任，对于促进评估行业健康发展，维护社会主义市场经济秩序，推进国有企业和国有资产管理体制改革具有重要意义。草案经过多次修改已经比较成熟，具有较强的针对性和可操作性，现在出台是必要的、适时的，建议尽快审议通过。

五是就主要问题同财政经济委员会、国务院法制办、财政部、国土资源部、住房和城乡建设部、商务部、保险监督管理委员会等部门交换意见，共同研究。回顾资产评估法整个的立法过程，可以说从开始起草到审议出台，历经十个年头，审议过程跨越两届全国人大常委会，前后经过四次审议，经过广泛征求意见和反复研究，最终顺利出台，是科学立法、民主立法的又一重要成果。

条文解读

本法的立法目的包括四个方面：

一是规范资产评估行为。资产评估是指由评估机构及其评估专业人员对资产价值进行评定、估算，并出具评估报告的专业服务行为，目前已经形成了包括资产评估、房地产估价、土地估价、矿业权评估、旧机动车鉴定估价和保险公估在内的六大类评估领域，分别由财政部、住房和城乡建设部、国土资源部、商务部和保监会五个部门管理。评估活动的专业性强，通过价值评定功能，促进市场资源优化配置，在维护国有资产和公共利益，维护交易安全和市场秩序等方面发挥了重要的作用。但是由于缺乏法律规范，导致评估从业行为不规范，甚至出现评估师、评估机构签署、出具虚假评估报告等严重违法犯罪行为，损害了评估行业的公信力，影响了评估行业的健康发展。近些年来，社会各方面，特别是评估行业的从业人员、评估机构要求尽快制定资产评估法，以规范评估行为、加强行业管理、促进资产评估行业健康发展。本法的颁布和实施，正是回应各方面的要求和期望，立足于从评估专业人员、评估机构、评估程序、评估行业协会、监督管理、法律责任等各方面加强对评估行业的管理和规范，促进评估行业的健康发展。

二是保护资产评估当事人合法权益。自然人、法人或者其他组织需要确定评估对象价值的，可以委托评估机构进行评估，所以评估专业人员、评估机构和委托人都是资产评估的当事人。在评估活动中，委托人、评估专业人员和评估机构各自的权利、义务和责任是什么，需要立法予以明确，以保护其合法权益。如评估专业人员，是以自身的专业知识和技能为社会提供专业服务的人员，其在从业过程中享有哪些权利，承担哪些责任，长期以来由于缺乏专门的法律规范，行业竞争无序，导致这些专业人员的从业权利得不到保障，影响了行业的健康发展。制定资产评估法，分别明确评估专业人员、评估机构和委托人的权利、义务和责任，有利于保护这些当事人在评估活动中的合法权益。

三是保护公共利益。资产评估分为两类，一类是自愿进行的评估，另一类是必须进行的法定评估。根据资产评估法的规定，涉及国有资产或者公共利益等事项，法律、行政法规规定需要评估的，应当依法委托评估机构进行评估。目前法定评估是评估业务中的一项重要内容，通过制定资产评估法对从事法定评估业务的人员资格和评估程序、法律责任等进行规范，有助于确保法定评估活动依法进行，从而维护国有资产的安全，维护公共利益不受非法侵害。

四是促进资产评估行业健康发展，维护社会主义市场经济秩序。目前资产评估行业已经发展到企业价值等资产评估、房地产估价、土地估价、矿业权评估、旧机动车鉴定估价和保险公估六大评估领域，评估的对象包括动产、不动产、无形资产、企业价值、资产损失或者其他经济权益，具体的业务涉及股东出资、国有资产产权转让、股票和债券发行、房屋征收补偿、房地产交易、矿产资源开采、金融机构抵押贷款、政府采购等多种经济活动，可以说资产评估已经成为国家和社会经济活动中的一个重要环节。通过立法对资产评估活动进行规范，对于促进资产评估行业健康发展，维护社会主义市场经济秩序具有重要意义。

这里应当指出一点。在立法的过程中，有的意见提出，鉴于实践中财政系统管理的评估业务已经用了“资产评估”的名称，为避免产生歧义，建议将法的名称改为“评估法”或者“评估师法”、“估价师法”等，但这一意见最终没有被采纳。主要是考虑到：一是要更准确地体现本法的调整范围。“评估”这个词目前用的比较广泛，除了资产评估，还有其他领域的评估，如立法通过前评估、立法后评估等。如用“评估法”的名称，不能很准确地体现本法的调整范围。另外，资产评估法已经放开了评估从业人员的资格准入，允许评估师以外的评估专业人员从事法定评估业务以外的评估业务，并签署评估报告，所以选择用“评估师法”或者“估价师法”这类的名称也不适宜。二是法律之间要衔接统一。目前已经有7部法律，包括刑法、公司法、保险法、证券投资基金法、证券法、公路法、企业国有资产法，都已经用了“资产评估”的表述，且其内涵已经不仅仅是财政系统所管理的评估业务的范畴，而是包含了目前六大类评估业务在内的一个大的范围，是一个广义的概念。如刑法229条第1款规定：“承担资产评估、验资、验证、会计、审计、法律服务等职责的中介组织的人员故意提供虚假证明文件，情节严重的，处五年以下有期徒刑或者拘役，并处罚金。”这里的“资产评估”显然是一个广义的概念，是对所有各类别评估专业人员规定的刑事责任。如果本法不用“资产评估法”的法名，就意味着将“资产评估”仍定义为狭义的概念，这会造成法律之间规定的不统一，造成法律适用的混乱。所以，考虑到与其他法律的衔接，本法最终使用了“资产评估法”的法名。

相关规定

《中华人民共和国刑法》第229条；《中华人民共和国公路法》第61条；《中华人民共和国企业国有资产法》第41条、第42条、第5章第4节、第71条、第74条；《中华人民共和国保险法》第82条、第88条；《中华人民共和国证券法》第17条、第45条、第108条、第131条、第

149 条、第 169 条、第 173 条、第 201 条、第 226 条；《中华人民共和国公司法》第 207 条；《中华人民共和国证券投资基金法》第 15 条。

第二条 本法所称资产评估（以下称评估），是指评估机构及其评估专业人员根据委托对不动产、动产、无形资产、企业价值、资产损失或者其他经济权益进行评定、估算，并出具评估报告的专业服务行为。

条文主旨

本条是关于资产评估概念的规定。

立法背景

目前评估行业已经形成了包括企业价值等资产评估、房地产估价、土地估价、矿业权评估、旧机动车鉴定估价和保险公估在内的六大类评估专业，分别由财政部、住房和城乡建设部、国土资源部、商务部和保监会五个部门管理。本条规定的评估对象与目前实践中的六大类评估类别并不一一对应，是从资产形态的角度进行的划分，更符合法理的要求。目前的六大类评估专业类别可以纳入这些评估对象的范畴之内，如土地估价、房地产估价等就属于不动产评估，旧机动车评估就属于动产评估，等等。

条文解读

根据本条的规定，资产评估的内涵包括以下三个方面：

一是资产评估的主体是评估机构及其评估专业人员。评估机构是依法设立的从事资产评估业务的专业机构。根据本法的规定，设立评估机构首先应当向工商行政管理部门申请办理登记，领取营业执照，在领取营业执照后三十日内向有关评估行政管理部门进行备案。设立评估机构，从事评估业务应当符合本法第15条规定的条件，包括应当具有的评估师的数量，并符合有关对合伙人或者股东的要求。评估专业人员包括评估师和其他具有评估专业知识及实践经验的评估从业人员。评估专业人员应当加入评估机构，才能从事评估业务。

二是资产评估的对象包括不动产、动产、无形资产、企业价值、资产损失或者其他经济权益。根据这一规定，本法所称的资产评估，与实践中将“资产评估”仅定义为财政系统管理的评估业务这一“窄”概念完全不同，是包括对不动产、动产、无形资产、企业价值、资产损失或者其他经济权益等各类评估对象进行评估的大概念，涵盖了现有的包括资产评估、房地产估价、土地估价、矿业权评估、旧机动车鉴定估价和保险公估在内的六大类评估领域。关于评估对象，对不动产评估和动产评估比较好理解，这里主要说一下无形资产、企业价值和资产损失评估。

1. 关于无形资产评估。无形资产是指企业为生产商品或者提供劳务，出租给他人，或为管理目的而持有的、没有实物形态的非货币性资产，包括专利权、商标权、著作权、商誉等。无形资产评估就是根据特定目的，遵循公允、法定规程，运用适当方法，对这些无形资产进行评定、估算，并出具评估报告的行为。

2. 关于企业价值评估。企业价值评估，是指评估师对评估基准日特定目的下企业整体价值、股东全部权益价值或部分权益价值进行评定、估算并出具评估报告的行为。企业价值评估是将一个企业作为一个有机整体，依据其拥有或占有的全部资产状况和整体获利能力，充分考虑影响企业获利能力的各种因素，结合企业所处的宏观经济环境及行业背景，对企业整体公允市场价值进行的综合性评估。企业价值评估适用于设立公司、企业改制、股票发行上市、股权转让、企业兼并、收购或分立、联营、组建集团、中外合作、合资、租赁、承包、融资、抵押贷款、法律诉讼、破产清算等目的整体资产评估。企业价值评估是建立在企业整体价值分析和价值管理的基础上，把企业作为一个经营整体来评估企业价值的评估活动。企业整体价值是指由全部股东投入的资产创造的价值，本质上是企业作为一个独立的法人实体在一系列的经济合同与各种契约中蕴含的权益，其属性与会计报表上反映的资产与负债相减后净资产的账面价值是不相同的。

3. 关于资产损失评估。资产损失评估主要是指保险公估这一类别。保险公估是指接受保险当事人委托，对保险事故所涉及的保险标的进行评定、估算，并出具评估报告的行为。保险法对保险公估制度进行了规定："保险活动当事人可以委托保险公估机构等依法设立的独立评估机构或者具有相关专业知识的人员，对保险事故进行评估和鉴定"。保险公估的出现与保险市场的发展密不可分，它是保险市场发展的必然产物。保险公司理赔事务的日益增加和复杂化产生了专业性的需求，为保险公估的形成和发展奠定了基础。截止到 2016 年 3 月，全国共有保险公估机构 349 家，保险公估从业人员 6800 余人。

这里应当指出一点：根据本条的规定，为了立法行文简便，从本条以后"资产评估"就简称为"评估"，不再赘用"资产评估"的表述。

三是资产评估是评估机构及其评估专业人员对评估对象进行评定、估算，并出具评估报告的专业服务行为。资产评估与一般的价格咨询服务行为，虽然都涉及对有关资产价值或者资产损失价值的估算，但二者有本质的不同：资产评估要由评估机构和评估专业人员出具评估报告，且评估机构和评估专业人员要对出具的评估报告承担法律责任。而价格咨询服务一般不出具报告，有关机构和人员对给出的"咨询价格"也不承担相应的法律责任。所以，"出具评估报告"应该是资产评估区别于一般价格咨询服务行为的一个重要方面。此外，价格咨询行为对从业的主体也没有法定要求，只要经工商注册登记，一般的机构都可以从事。

第三条 自然人、法人或者其他组织需要确定评估对象价值的，可以自愿委托评估机构评估。

涉及国有资产或者公共利益等事项，法律、行政法规规定需要评估的（以下称法定评估），应当依法委托评估机构评估。

条文主旨

本条是关于自愿评估业务和法定评估业务的规定。

条文解读

资产评估业务从是否自愿进行的角度区分，分为两类：一类是自愿进行的一般评估，一类是必须进行的法定评估。

一是自愿进行的评估。自然人、法人或者其他组织需要确定评估对象价值的，可以自愿委托评估机构进行评估。这里的“自然人”包括中国公民和外国人。“法人或者其他组织”则是包括除了“自然人”以外的各类组织，包括国家机关、企业事业单位、社会团体等。自然人、法人或者其他组织如果需要确定评估对象价值的，包括需要确定动产、不动产、企业价值、无形资产的价值或者财产损失等，可以自愿委托评估机构进行评估。这里应当指出一点：根据本法的规定，评估专业人员必须加入评估机构才能开展业务，评估专业人员不能脱离所在评估机构去承揽业务。所以作为委托人，只能委托评估机构来进行评估业务，不能直接委托评估专业人员进行评估。

二是法定评估。涉及国有资产或者公共利益等事项，法律、行政法规规定需要评估的，称为法定评估业务，应当依法委托评估机构评估。根据这一规定，属于法定评估业务的，应当具备两个要素：一是涉及国有资产或者公共利益等事项，二是法律、行政法规规定需要评估的。只有两个要素都具备，才属于法定评估业务。目前已经有 7 部法律，包括公司法、证券法、公路法、企业国有资产法、城市房地产管理法、拍卖法、政府采购法，均已经规定了涉及国有资产产权转让、抵押，股东出资、股票和债券发行、房地产交易等业务，必须要进行评估。此外，《国有土地上房屋征收与补偿条例》《国有资产评估管理办法》《社会救助暂行办法》《全民所有制工业企业转换经营机制条例》《中华人民共和国土地增值税暂行条例》《森林防火条例》《证券公司监督管理条例》《中华人民共和国民办教育促进法实施条例》《金融机构撤销条例》《矿产资源勘查区块登记管理办法》《矿产资源开采登记管理办法》《探矿权采矿权转让管理办法》《国务院关于股份有限公司境内上市外资股的规定》《中华人民共和国中外合作经营企业法实施细则》《股票发行与交易管理暂行条例》《全民所有制小型工业企业租赁经营暂行条例》16 部行政法规规定对涉及房屋征收补偿、矿产资源开采、金融机构抵押贷款、金融机构撤销等多种业务，必须要进行评估。对属于法定评估业务范围的，委托人应当按照本法和有关法律、行政法规的规定，委托评估机构进行评估。

相关规定

《中华人民共和国公路法》第61条；《中华人民共和国企业国有资产法》第47条；《中华人民共和国证券法》第17条；《中华人民共和国公司法》第207条；《中华人民共和国城市房地产管理法》第34条；《中华人民共和国拍卖法》第28条；《中华人民共和国政府采购法》第42条；《国有土地上房屋征收与补偿条例》；《国有资产评估管理办法》；《社会救助暂行办法》；《全民所有制工业企业转换经营机制条例》；《中华人民共和国土地增值税暂行条例》；《森林防火条例》；《证券公司监督管理条例》；《中华人民共和国民办教育促进法实施条例》；《金融机构撤销条例》；《矿产资源勘查区块登记管理办法》；《矿产资源开采登记管理办法》；《探矿权采矿权转让管理办法》；《国务院关于股份有限公司境内上市外资股的规定》；《中华人民共和国中外合作经营企业法实施细则》；《股票发行与交易管理暂行条例》；《全民所有制小型工业企业租赁经营暂行条例》。

第四条　评估机构及其评估专业人员开展业务应当遵守法律、行政法规和评估准则，遵循独立、客观、公正的原则。

评估机构及其评估专业人员依法开展业务，受法律保护。

条文主旨

本条是关于评估机构及其评估专业人员开展业务的要求和依法开展业务受法律保护的规定。

立法背景

评估机构及其评估专业人员从事的是以专业知识和技能为社会提供评估服务的行业，专业性强，因此需要强调从业机构和从业人员应当依法执业，遵守职业道德，遵循独立、客观、公正的执业原则。

条文解读

本条第 1 款规定了评估机构及其评估专业人员开展业务的要求，包括：

应当遵守法律、行政法规和评估准则。这里的法律，包括本法和其他有关法律。如证券法，对评估机构从事证券服务业作了相关规定，包括从业人员、机构的资格管理、从业要求等，如果评估机构从事证券服务业，也应遵守这些规定。除了遵守法律，还有有关行政法规，如国务院 1991 年制定了《国有资产评估管理办法》，对国有资产评估管理作出了相关规定，评估机构及其评估专业人员从事国有资产评估业务的，也需要遵守。

评估准则是指导评估专业人员、评估机构开展评估业务的基本规范，包括评估基本准则和评估执业准则、职业道德准则。评估行业专业性比较强，对于从业人员和机构，需要从专业的角度提出职业道德和评估方法、程序等技术方面的基本要求，以规范从业行为。根据本法的规定，国务院各有关评估行政管理部门组织制定本领域的评估基本准则，各全国性评估行业协会依据评估基本准则制定本领域的评估执业准则和职业道德准则。评估机构及其评估专业人员开展业务，除了要遵守法律、行政法规外，还要遵守相关的评估准则。

本条第 2 款规定了评估机构及其评估专业人员依法开展业务，受法律保护。本法一方面立足于对评估行业进行规范，要求评估机构及其评估专业人员依照法律、行政法规和评估准则开展业务，以保护公共利益和委托人的合法权益。另一方面也立足于保护评估机构、评估专业人员的合法权益，明确他们在开展业务过程中享有的法定权利，包括：对评估专业人员来说，有权签署评估报告，要求委托人提供相关的权属证明、财务会计信息和其他资料，以及为执行公允的评估程序所需的必要协助，依法向有关国家机关或者其他组织查阅执业所需的文件、证明和资料，拒绝委托人或者其他组织、个人对评估行为和评估结果的非法干预；对评估机构来说，委托人拒绝提供或者不如实提供执行评估业务所需的权属证明、财务会计信息和其他资料的，评估机构有权依法拒绝其履行合同的要求等，这些执业过程中法定权利的规定，有利于保护评估机构及其评估专业人员的合法权益。

第五条 评估专业人员从事评估业务，应当加入评估机构，并且只能在一个评估机构从事业务。

条文主旨

本条是关于评估专业人员从事评估业务应当加入评估机构的规定。

立法背景

评估专业人员包括评估师和其他具有评估专业知识及实践经验的评估从业人员。关于从事评估行业的人员资格管理，在立法过程中也经历了一些变化：在最初的草案一审稿和二审稿中，确定的是评估师职业资格准入加注册管理制度。即从事评估业务，签署评估报告的人必须是通过评估师职业资格考试，且经过有关业务主管部门进行执业注册的评估师。就是说，只有取得评估师职业资格，且经过政府主管部门行政许可的人，才能成为评估师，只有评估师才能签署评估报告，依法执业。这样一种规定与评估师职业管理制度改革之前的管理模式是一致的。2014 年以来，随着行政审批制度改革的不断推进，国务院分批取消了有关评估师的职业资格准入，改为实行水平评价类职业资格管理，只有房地产估价师的职业资格准入因为有城市房地产管理法的依据而予以保留。为贯彻这一改革精神，2015年8月，提请全国人大常委会进行第三次审议的资产评估法草案对之前有关评估师职业资格管理的内容进行了修改，将第2章章名由“注册评估师”修改为“评估师”，相应删去有关评估师执业注册的规定，明确国家对评估师实行水平评价类职业资格管理制度，法律另有规定的，依照其规定。草案三次审议后，有的意见提出，实行水平评价类职业管理，意味着评估师这一职业资格不再与执业强制挂钩，没有取得评估师职业资格的人也可以从事评估业务，并签署评估报告。建议对评估师以外的人员可以从事评估业务进行明确规定，同时对涉及国有资产或者公共利益等事项的法定评估业务应该有更高的要求，明确只有取得评估师资格的人员才能从事这类业务，其他业务可以对一般从业人员放开。经过认真研究和广泛听取意见，最终通过的资产评估法放开了评估从业人员的准入门槛，允许评估师以外的具有评估专业知识及实践经验的评估专业人员加入评估机构从事评估业务，但是属于法定评估业务的，规定只有评估师才能承办，以维护国有资产安全和公共利益。

条文解读

评估专业人员从事评估业务，必须加入评估机构，并且只能在一个评估机构从事业务。根据这一规定，评估专业人员不能自行承揽业务，必须按照所加入的评估机构的指派，完成所承办的评估业务。如果评估专业人员违反这一规定，私自接受委托开展业务的，要承担相应的法律责任。同时，评估专业人员只能在一个评估机构从事业务，不能同时挂靠在多个评估机构从事业务。实践中，一些评估专业人员挂靠在自己并不在其中执业的评估机构进行牟利，行业内称作“挂证”，这种现象扰乱了评估行业正常的管理秩序，使得达不到条件，不具备规定的评估师数量的一些机构也在开展业务，导致这一行业鱼龙混杂，专业性和诚信度降低，影响了其健康发展。为了从法律制度上解决这一问题，本法明确规定评估专业人员只能在一个评估机构从事业务，不得同时在两个以上评估机构从业，对于违反这一规定的评估专业人员，要追究相应的法律责任。

这里需要说明两个问题：

一是评估专业人员与评估师的关系。评估师是评估专业人员，但不是一般的评估专业人员，而是通过评估师资格考试，取得评估师资格的评估专业人员。评估师的专业类别由国家根据经济社会发展需要确定。根据2003年国务院办公厅相关文件的规定，目前评估师的专业类别主要有资产评估、土地估价、矿业权评估、房地产估价、旧机动车鉴定估价和保险公估六大类别。根据这一类别划分，目前评估行业分为相应的六大领域。目前，六大评估领域均已经成立了全国性的行业协会，这些协会分别组织本领域的评估师资格全国统一考试。具有高等院校专科以上学历的公民，可以参加评估师资格全国统一考试，通过考试的，即取得评估师资格，成为评估师。

二是关于房地产评估从业人员的管理。城市房地产管理法规定，国家实行房地产价格评估人员资格认证制度。正因为有这一规定，国务院没有取消住房和城乡建设主管部门对房地产价格评估人员资格的准入管理。考虑到资产评估法是评估行业的一般法，而城市房地产管理法是包括房地产价格评估管理在内的有关房地产管理的特别法，按照特别法优于普通法适用的原则，对房地产估价从业人员的资格管理，城市房地产管理法有特别规定的，可以优先适用。

相关规定

《中华人民共和国城市房地产管理法》第59条。

第六条 评估行业可以按照专业领域依法设立行业协会，实行自律管理，并接受有关评估行政管理部门的监督和社会监督。

条文主旨

本条是关于评估行业依法设立行业协会，以及行业协会接受评估行政管理部门监督和社会监督的规定。

立法背景

评估行业协会是评估机构和评估专业人员的自律性组织。设立评估行业协会，依照法律、行政法规和章程对评估行业进行自律管理，有利于提升评估专业人员和评估机构的专业素养和执业能力，促进评估行为的健康发展。

条文解读

一是评估行业可以按照专业领域依法设立行业协会，实行自律管理。目前我国的评估行业分为企业价值等资产评估、房地产估价、土地估价、矿业权评估、旧机动车鉴定估价和保险公估六大领域，这些领域可以分别依法设立本领域的行业协会进行自律管理。关于行业协会的设立，本法明确规定，评估行业按照专业领域设立全国性评估行业协会，根据需要设立地方性评估行业协会。目前，评估行业的六大评估领域都已经设立了全国性的评估行业协会，包括中国资产评估协会、中国房地产估价师与房地产经纪人学会、中国土地估价师协会、中国矿业权评估师协会、中国汽车流通协会、中国保险行业协会等。在地方行业协会方面，目前各省、自治区、直辖市均成立了省一级的资产评估、房地产估价、土地估价等行业组织。评估行业协会的章程由会员代表大会制定，报登记管理机关核准，并报各自的评估业务主管部门备案。这里应当说明一点，评估行业协会的设立，既可以每一个领域单设一个协会，也可以两个或者多个领域合并设立一个协会，如目前一些地方把土地和房地产两个不动产评估领域合并设立一个协会，也是可以的。

二是评估行业应当接受有关评估行政管理部门的监督和社会监督。评估行政管理部门是各评估领域的业务主管部门，按照职责分工分别对各个评估领域进行监督管理，包括对有关评估专业人员、评估机构和评估行业协会进行监督管理。就对评估行业协会监管来说，本法明确规定，评估行政管理部门对有关评估行业协会实施监督检查，对检查发现的问题和针对协会的投诉、举报，应当及时调查处理。这里应当说明三点：

第一，这里规定的“有关评估行政管理部门”是指财政部门、住房和城乡建设部门、国土资源部门、商务部门和保险监督管理机构五个部门。这五个部门按照职责分工，分别对有关评估行业协会进行监督管理，具体是：财政部门负责对资产评估行业协会进行监管，住房和城乡建设部门负责对房地产评估行业协会进行监管，国土资源部门负责对土地评估行业协会、矿业权评估行业协会进行监管，商务部门负责对旧机动车评估行业协会进行监管，保险监督管理机构负责对保险公估行业协会进行监管。

第二，评估管理部门不得与评估行业协会之间存在人员或者资金的关联。为贯彻落实党的十八大和十八届二中、三中、四中全会精神，加快形成政社分开、权责明确、依法自治的现代社会组织体制，理清政府、市场、社会关系，2015 年，中央办公厅和国务院办公厅发布了《行业协会商会与行政机关脱钩总体方案》，要求取消行政机关（包括下属单位）与行业协会商会的主办、主管、联系和挂靠关系；行业协会商会依法直接登记和独立运行，行政机关依据职能对行业协会商会提供服务并依法监管；行政机关与行业协会在人员、资产财务、机构、职能等方面分离，各行业管理部门按职能对行业协会商会进行政策和业务指导，并履行相关监管责任。贯彻这一改革精神，本法明确评估管理部门不得与评估行业协会之间存在人员或者资金的关联。因此，各评估管理部门一方面要依法加强对有关评估行业协会的监督管理，另一方面要贯彻“政社分开”的要求，在人员、资金管理等方面与各自管理的协会脱钩，以更超脱的评估行业主管部门身份，履行好法定的监管职责。

第三，评估行业协会除了接受评估行政管理部门的监督外，还要接受社会各方面的监督，包括新闻媒体的监督、社会公众的监督等。本法赋予评估行业协会在自律管理方面很多的职权，为了保障协会能够正确用权、规范运作，需要对其加强各方面的监督，其中社会监督是很重要的一方面。新闻媒体可以通过新闻报道，社会公众可以通过向评估行政管理部门投诉、举报等方式对协会违反本法规定的行为进行监督。作为行业协会，应当建立健全信息公开等制度，自觉接受社会的监督。

第七条 国务院有关评估行政管理部门按照各自职责分工，对评估行业进行监督管理。

设区的市级以上地方人民政府有关评估行政管理部门按照各自职责分工，对本行政区域内的评估行业进行监督管理。

条文主旨

本条是关于评估行政管理部门职责的规定。

立法背景

目前评估行业包括六个评估专业领域，分别由财政、国土资源、住房和城乡建设、商务、保险监督管理五个部门负责监督管理。为了解决多头管理的问题，资产评估法草案曾规定，国务院建立资产评估行业管理协调配合机制，负责协调和指导资产评估行业发展。在全国人大常委会审议和征求意见过程中，有的常委委员、部门、行业协会和社会公众建议明确由各个部门按照职责分别管理。考虑到有关方面对实行资产评估行业管理协调配合机制的意见分歧比较大，同时，各评估专业类别虽然同属于评估行业，但也有其自身的专业特点，为最大程度取得共识，最终通过的资产评估法删去了建立协调配合机制的规定，维持了目前分别管理的体制。

条文解读

本条第1款规定，国务院有关评估行政管理部门按照各自职责分工，对评估行业进行监督管理。目前国务院有关评估行政管理部门包括财政部、国土资源部、住房和城乡建设部、商务部、中国保险监督管理委员会五个部门。这五个部门应当按照各自职责分工，分别对评估行业进行监督管理。另外，根据保险法的规定，中国保险监督管理委员会根据履行职责的需要设立派出机构，即各地的“保监局”；派出机构按照中国保险监督管理委员会的授权履行监督管理职责。

本条第2款规定，设区的市级以上地方人民政府有关评估行政管理部门按照各自职责分工，对本行政区域内的评估行业进行监督管理。这里的地方政府“有关评估行政管理部门”，目前是指财政、国土资源、住房和城乡建设、商务等地方政府部门。资产评估法草案曾将地方政府评估行政管理部门的层级限定在省级，在全国人大常委会审议和征求意见过程中，有的常委委员和部门提出，我国评估行业发展很快，现有评估师13万余人、评估从业人员60万余人，评估机构1.4万余家，仅靠省级以上政府部门进行监管是不够的；实践中有的地方已将房地产评估、旧机动车评估等的监管权下放到地市级，这也与目前简政放权改革精神一致，建议法律予以体现。因此，最终通过的资产评估法将地方政府评估行政管理部门的层级明确为“设区的市级以上”，包括省级和设区的市级。需要注意的是，这里的“设区的市级”，也就是通常所说的“地市级”，包括设区的市，也包括不设区的地级市，如东莞市、三沙市等。在法律实施中，可以根据实际情况，在法律规定的“设区的市级以上”的范围内，灵活确定地方的监管层级。例如在本地评估行业发展规模大，单靠省级政府部门监管力量不足的地方，可以由省级和设区的市级政府部门共同监管；在省级政府部门的力量足以监管本地评估行业的地方，也可以由省级政府部门实行集中监管。

本法专设一章，规定了行政部门的监督管理职责。根据本法，有关资产评估行政管理部门的具体职责主要有：一是国务院有关评估行政管理部门组织制定评估基本准则和评估行业监督管理办法。二是设区的市级以上人民政府有关评估行政管理部门依据各自职责，负责监督管理评估行业，对评估机构和评估专业人员的违法行为依法实施行政处罚，将处罚情况通报有关评估行业协会，并依法向社会公开。三是评估行政管理部门对有关评估行业协会实施监督检查，对检查发现的问题和针对协会的投诉、举报进行调查处理。

需要注意的是，评估行政管理部门应当严格依法行政，不得滥用行政权力。本法对评估行政管理部门不得从事的行为作了禁止性规定：一是评估行政管理部门不得违反本法规定，对评估机构依法开展业务进行限制。二是评估行政管理部门不得与评估行业协会、评估机构存在人员或者资金关联，不得利用职权为评估机构招揽业务。同时规定，有关行政管理部门违反本法规定，滥用职权、玩忽职守或者徇私舞弊的，依法给予处分；构成犯罪的，依法追究刑事责任。

相关规定

《中华人民共和国保险法》第9条。

第二章 评估专业人员

第八条 评估专业人员包括评估师和其他具有评估专业知识及实践经验的评估从业人员。

评估师是指通过评估师资格考试的评估专业人员。国家根据经济社会发展需要确定评估师专业类别。

条文主旨

本条是关于评估专业人员和评估师的范围、含义的规定。

立法背景

资产评估法草案曾经规定，国家实行评估师执业注册制度，未经注册不得执业。在草案审议期间，国务院推进行政审批制度改革，于2014年分三批取消了注册资产评估师、矿业权评估师、土地估价师、保险公估从业人员的职业资格许可。为体现改革精神，草案删去了评估师执业注册的规定，同时明确国家对评估师实行水平评价类职业资格管理制度，法律另有规定的，依照其规定。在草案三审时，有的常委委员提出，国务院已经取消了对有关评估师职业资格的行政许可，评估师以外的评估专业人员也可以从事评估业务，建议草案进一步予以体现。为进一步体现行政审批制度改革精神，最终通过的资产评估法将第 2 章章名及有关条款中的“评估师”相应修改为“评估专业人员”，明确评估从业人员包括通过评估师资格考试的评估师和其他具有评估专业知识及实践经验的评估从业人员，评估专业人员可以在评估机构中从事评估业务，签署评估报告；同时，考虑到我国一些法律和行政法规规定了应当进行评估的事项，范围涉及国有资产和公共利益等，为维护国有资产安全和公共利益，本法明确，对这些法定评估业务，评估机构应当指定至少两名评估师承办并签署评估报告。

条文解读

本条第 1 款规定，评估专业人员包括评估师和其他具有评估专业知识及实践经验的评估从业人员。根据这一规定，评估专业人员包括两类：一是评估师。根据本条第 2 款的规定，评估师是指通过评估师资格考试的评估专业人员。二是其他评估专业人员，即评估师以外的具有评估专业知识及实践经验的评估从业人员。具有评估专业知识及实践经验，是法律对评估专业人员的原则要求，评估机构应当聘用具有评估专业知识及实践经验的评估从业人员从事评估业务。评估从业人员是否具有评估专业知识及实践经验，由评估机构自行判断，政府部门和行业协会不再进行资格认定。

本法体现行政审批制度改革精神，放开了评估从业人员的准入门槛，凡是具有评估专业知识及实践经验的评估从业人员，包括评估师和其他评估专业人员，都可以从事评估业务。评估专业人员可以根据本法第 12 条的规定享有相应权利：一是要求委托人提供相关的权属证明、财务会计信息和其他资料，以及为执行公允的评估程序所需的必要协助；二是依法向有关国家机关或者其他组织查阅从事业务所需的文件、证明和资料；三是拒绝委托人或者其他组织、个人对评估行为和评估结果的非法干预；四是依法签署评估报告；五是法律、行政法规规定的其他权利。同时也应当履行本法规定的义务，承担相应的法律责任。

与放开评估从业人员准入门槛相适应的是，本法强化了评估机构对本机构评估专业人员的管理责任，明确评估机构应当建立健全内部管理制度，对本机构的评估专业人员遵守法律、行政法规和评估准则的情况进行监督，并对其从业行为负责。对评估机构违反这一规定的，给予相应行政处罚。同时，明确评估专业人员违反本法规定，给委托人或者其他相关当事人造成损失的，由其所在的评估机构依法承担赔偿责任。评估机构履行赔偿责任后，可以向有故意或者重大过失行为的评估专业人员追偿。

本条第 2 款中规定，评估师是指通过评估师资格考试的评估专业人员。根据这一规定，评估师首先是评估专业人员，即具有评估专业知识及实践经验的评估从业人员。其次，评估师是通过评估师资格考试的评估专业人员。根据本法第9条、第10条的规定，评估师资格考试是指有关全国性评估行业协会按照国家规定组织实施的评估师资格全国统一考试。具有高等院校专科以上学历的公民，可以参加评估师资格全国统一考试。有关全国性评估行业协会应当在其网站上公布评估师名单，并实时更新。根据本法第28条的规定，法定评估业务只能由评估师承办并签署评估报告。

本条第2款中规定，国家根据经济社会发展需要确定评估师专业类别。根据《国务院办公厅转发财政部关于加强和规范评估行业管理意见的通知》（国办发〔2003〕101号），目前我国评估师有六大专业类别，即资产评估师、房地产估价师、土地估价师、矿业权评估师、保险公估从业人员和旧机动车鉴定估价师。今后，随着经济社会的发展，国家可以根据需要对评估师专业类别作出调整。

需要注意的是，本法放开了评估从业人员的准入门槛，但是根据城市房地产管理法第59条的规定，国家实行房地产价格评估人员资格认证制度，这属于特别法对评估师管理的特殊规定，按照特别法优于一般法适用的原则，房地产估价师目前仍实行资格认证制度。

相关规定

《中华人民共和国城市房地产管理法》第59条。

第九条 有关全国性评估行业协会按照国家规定组织实施评估师资格全国统一考试。

具有高等院校专科以上学历的公民，可以参加评估师资格全国统一考试。

条文主旨

本条是关于评估师资格全国统一考试的规定。

立法背景

根据现行城市房地产管理法和2004年《国务院对确需保留的行政审批项目设定行政许可的决定》，我国资产评估领域曾经存在房地产估价师、注册资产评估师、矿业权评估师、土地估价师、保险公估从业人员五项职业资格许可，分别由有关评估行政管理部门或者其委托的评估行业协会组织实施职业资格考试和执业注册（登记）。

2013年十二届全国人大一次会议通过了《国务院机构改革和职能转变方案》，提出减少资质资格许可和认定：除依照行政许可法要求具备特殊信誉、特殊条件或特殊技能的职业、行业需要设立的资质资格许可外，其他资质资格许可一律予以取消。按规定需要对企业事业单位和个人进行水平评价的，国务院部门依法制定职业标准或评价规范，由有关行业协会、学会具体认定。2014 年国务院推进行政审批制度改革，取消了注册资产评估师、矿业权评估师、土地估价师、保险公估从业人员的职业资格许可，即准入类职业资格。按照《人力资源社会保障部关于做好国务院取消部分准入类职业资格相关后续工作的通知》（人社部函〔2014〕144 号）等文件规定，取消国务院部门设置的没有法律法规或国务院决定作为依据的准入类职业资格，行业管理确有需要且涉及人数较多的职业，可报国务院人力资源社会保障部门批准后设置为水平评价类职业资格。目前，矿业权评估师、资产评估师已被批准调整为水平评价类职业资格，由有关评估行业协会按照国家规定负责水平评价类职业资格考试的组织和实施工作。本法根据上述改革精神，明确了评估师资格全国统一考试的组织实施主体和参加条件。

条文解读

本条第 1 款规定，有关全国性评估行业协会按照国家规定组织实施评估师资格全国统一考试。根据这一规定，一是评估师资格全国统一考试的组织实施主体为有关全国性评估行业协会，即与该评估师专业类别有关的全国性评估行业协会。二是评估师资格全国统一考试应当按照国家规定组织实施。资产评估法草案曾规定，国家实行评估师职业资格全国统一考试制度，考试办法由国务院人力资源主管部门会同评估行政管理部门制定。有的部门、评估行业协会提出，评估师资格考试要与评估从业人员资格管理改革相适应，建议明确评估师资格考试由相关全国性评估行业协会按照国家有关规定组织进行。立法机关采纳了上述意见，删去了考试办法由有关部门制定的规定，为改革留下了空间。根据《国务院机构改革和职能转变方案》，按规定需要对企业事业单位和个人进行水平评价的，国务院部门依法制定职业标准或评价规范，由有关行业协会、学会具体认定。目前，国家有关评估师资格考试的规定主要有：《人力资源社会保障部 财政部关于印发资产评估师职业资格制度暂行规定和资产评估师职业资格考试实施办法的通知》（人社部发〔2015〕43号）、《人力资源社会保障部 国土资源部关于印发矿业权评估专业技术人员职业资格制度暂行规定和助理矿业权评估师、矿业权评估师职业资格考试实施办法的通知》（人社部发〔2015〕65号）等。今后，国家将按照简政放权的改革方向，进一步完善评估师资格考试有关规定。

本条第2款规定，具有高等院校专科以上学历的公民，可以参加评估师资格全国统一考试。根据这一规定，在学历方面，只要具有高等院校专科以上学历的公民，就可以参加评估师资格全国统一考试。资产评估是评定、估算资产价值的专业服务，既需要专业知识，更需要实践经验。因此，参加评估师资格考试在学历方面的要求不宜定得过高，规定具备高等院校专科以上学历的公民就可以参加考试，有利于通过评估师资格考试吸引和锁定更多的人才。需要注意的是，除房地产估价师考试外，评估师资格全国统一考试是水平评价性质，不是行业准入考试，公民可以自愿参加。有关部门现有的规定与本法规定不一致的，应当在本法实施前及时根据本法作出修改。

相关规定

《国务院机构改革和职能转变方案》。

第十条 有关全国性评估行业协会应当在其网站上公布评估师名单，并实时更新。

条文主旨

本条是关于评估行业协会公布评估师名单的规定。

立法背景

根据本法规定，评估师资格全国统一考试由有关全国性评估行业协会组织实施。为了接受社会监督，便于委托人和社会公众等查询某一评估专业人员是否通过了评估师资格考试，防止不法人员冒充评估师从事评估业务，本法对评估行业协会公布评估师名单作了规定。

条文解读

根据本条规定，一是公布评估师名单的主体是有关全国性评估行业协会，即负责组织实施相关专业类别评估师资格全国统一考试的全国性评估行业协会。二是公布的评估师名单应当包括所有通过有关专业类别评估师资格考试的评估专业人员。三是评估师名单应当实时更新，例如应当及时补充新通过资格考试的评估师，对已经死亡或者丧失民事行为能力的评估师，应当及时从名单中去除。四是有关全国性评估行业协会应当在其网站上公布评估师名单，便于委托人和社会公众查询。

需要注意的是，公布评估师名单，是有关全国性评估行业协会的法定义务，不得向查询者收取任何费用。

第十一条 因故意犯罪或者在从事评估、财务、会计、审计活动中因过失犯罪而受刑事处罚，自刑罚执行完毕之日起不满五年的人员，不得从事评估业务。

条文主旨

本条是关于受刑事处罚后禁止从业期限的规定。

立法背景

评估专业人员是向委托方提供评估服务，为市场交易提供价值参考的专业人员，特别是在法定评估业务中，评估专业人员签署的评估报告是确定交易价格的重要依据。例如，企业国有资产法规定，国有资产转让应当以依法评估的、经履行出资人职责的机构认可或者由履行出资人职责的机构报经本级人民政府核准的价格为依据，合理确定最低转让价格。只有评估专业人员遵守法律、行政法规和评估准则，遵守职业道德，诚实守信，勤勉谨慎从事业务，才能保证评估报告的客观、真实、合理，从而维护当事人合法权益和公共利益。因此，参照注册会计师法等法律，本法对受刑事处罚的人员规定了禁止从业的期限。

条文解读

本条规定的受刑事处罚的情形包括两种：一是故意犯罪。包括刑法规定的各种故意犯罪。根据刑法规定，明知自己的行为会发生危害社会的结果，并且希望或者放任这种结果发生，因而构成犯罪的，是故意犯罪。例如，故意杀人、故意伤害、强奸、抢劫、贩卖毒品、放火、爆炸、投毒罪等都属于故意犯罪。二是评估、财务、会计、审计活动中的过失犯罪。根据刑法规定，应当预见自己的行为可能发生危害社会的结果，因为疏忽大意而没有预见，或者已经预见而轻信能够避免，以致发生这种结果的，是过失犯罪。评估、财务、会计、审计活动中的过失犯罪，主要是指刑法第229条规定的出具证明文件重大失实罪。根据该条规定，承担资产评估、验资、验证、会计、审计、法律服务等职责的中介组织的人员严重不负责任，出具的证明文件有重大失实，造成严重后果的，处三年以下有期徒刑或者拘役，并处或者单处罚金。根据本条规定，如果属于评估、财务、会计、审计活动中的犯罪，不论故意或者过失，都应当适用五年禁业期限的规定；其他领域的犯罪，只有故意犯罪，才适用五年禁业期限的规定。

根据本条规定，因上述两类犯罪而受刑事处罚，自刑罚执行完毕之日起不满五年的人员，不得从事评估业务。根据刑法，刑事处罚即刑罚，分为主刑和附加刑。主刑包括管制、拘役、有期徒刑、无期徒刑、死刑。附加刑包括罚金、剥夺政治权利、没收财产。附加刑也可以独立适用。在刑罚执行完毕之前，自然不得从事评估业务。刑罚执行完毕之日起不满五年的人员，根据本条规定，也不得从事评估业务。

需要注意的是，本法第45条规定，评估专业人员签署虚假评估报告，构成犯罪的，终身不得从事评估业务。根据刑法第229条的规定，评估专业人员签署虚假评估报告，情节严重的，将构成提供虚假证明文件罪，处五年以下有期徒刑或者拘役，并处罚金。本法第45条的规定是针对此类犯罪的特别规定，也是对第11条的例外规定。因为评估专业人员签署虚假评估报告，构成虚假证明文件罪的，是最严重的评估违法行为，应当给予最严厉的惩处，除应当依法追究刑事责任外，还应当接受终身禁业的惩罚，即终身不得从事评估业务。

相关规定

《中华人民共和国刑法》第229条。

第十二条　评估专业人员享有下列权利：

（一）要求委托人提供相关的权属证明、财务会计信息和其他资料，以及为执行公允的评估程序所需的必要协助；

（二）依法向有关国家机关或者其他组织查阅从事业务所需的文件、证明和资料；

（三）拒绝委托人或者其他组织、个人对评估行为和评估结果的非法干预；

（四）依法签署评估报告；

（五）法律、行政法规规定的其他权利。

条文主旨

本条是关于评估专业人员相关权利的规定。

立法背景

本法在总则中明确规定，评估专业人员依法开展业务，受法律保护。为保证评估专业人员依法独立、客观、公正开展业务，需要明确评估专业人员在评估活动中享有的权利。遵循权利和义务相一致的原则，本法规定了评估专业人员相关权利和义务。

条文解读

根据本条规定，评估专业人员在评估活动中享有下列权利：

一是要求委托人提供相关的权属证明、财务会计信息和其他资料，以及为执行公允的评估程序所需的必要协助。与评估对象相关的权属证明、财务会计信息和其他资料是评估的基础性资料，没有这些资料，评估将无法进行。因此，委托人应当及时向评估专业人员提供这些材料，评估专业人员也有权要求委托人提供这些材料。根据本法第18条的规定，委托人拒绝提供或者不如实提供执行评估业务所需的权属证明、财务会计信息和其他资料的，评估机构有权依法拒绝其履行合同的要求。同时，评估专业人员也有权要求委托人提供为执行公允的评估程序所需的必要协助。例如根据本法第25条的规定，评估专业人员应当根据评估业务具体情况，对评估对象进行现场调查。为完成现场调查，评估专业人员有权要求委托人提供必要协助。

二是依法向有关国家机关或者其他组织查阅从事业务所需的文件、证明和资料。对从事业务所需的文件、证明和资料，评估专业人员可以依法向有关国家机关或者其他组织查阅。同时，根据本法第13条的规定，评估专业人员应当对评估活动中使用的有关文件、证明和资料的真实性、准确性、完整性进行核查和验证。为进行核查和验证，也可以依法向有关国家机关或者其他组织查阅相关文件、证明和资料。

三是拒绝委托人或者其他组织、个人对评估行为和评估结果的非法干预。在实践中，一些法定评估业务的委托人为了使评估对象评出预期的高价或者低价，达到非法目的，往往对评估专业人员施加非法干预，操控评估结果，使评估活动无法做到独立、客观、公正，无法起到防止国有资产流失、维护公共利益的作用。为此，本法第27条明确规定，委托人不得串通、唆使评估机构或者评估专业人员出具虚假评估报告。根据本条规定，委托人或者其他组织、个人非法干预评估行为和评估结果的，评估专业人员有权拒绝。同时，根据本法第19条的规定，委托人要求出具虚假评估报告或者有其他非法干预评估结果情形的，评估机构有权解除合同。

四是依法签署评估报告。签署评估报告是评估活动最重要的一个环节，也是评估专业人员最重要的一项权利。签署评估报告代表着评估专业人员在该项评估中的主要工作已经完成，评估结论已经得出，也意味着评估专业人员已经确认评估报告准确无误，并愿意为此负责。在取消有关评估师的职业资格许可的改革之前，只有取得执业证书的评估师才有权签署评估报告。根据行政审批制度改革精神，本法放开了评估从业人员的准入门槛，允许具有评估专业知识及实践经验的评估专业人员从事评估业务，签署评估报告。同时，本法也对评估专业人员签署评估报告的程序及相关法律责任进行了明确。评估专业人员签署评估报告应当依法进行。例如，根据本法第27条的规定，评估报告应当由至少两名承办该项业务的评估专业人员签名并加盖评估机构印章。根据本法第 28 条的规定，对于法定评估业务的评估报告，应当由至少两名承办该项业务的相应专业类别的评估师签名并加盖评估机构印章。同时，评估机构应当建立健全质量控制制度，对评估报告进行内部审核，保证评估报告的客观、真实、合理；建立健全内部管理制度，对本机构的评估专业人员的从业行为负责。评估专业人员签署评估报告违反本法规定的，依法承担法律责任。例如，评估专业人员签署虚假评估报告的，由有关评估行政管理部门责令停止从业两年以上五年以下；有违法所得的，没收违法所得；情节严重的，责令停止从业五年以上十年以下；构成犯罪的，依法追究刑事责任，终身不得从事评估业务。

五是法律、行政法规规定的其他权利。除了上述权利外，评估专业人员在评估活动中还享有相关法律、行政法规规定的其他权利。

第十三条 评估专业人员应当履行下列义务：

（一）诚实守信，依法独立、客观、公正从事业务；

（二）遵守评估准则，履行调查职责，独立分析估算，勤勉谨慎从事业务；

（三）完成规定的继续教育，保持和提高专业能力；

（四）对评估活动中使用的有关文件、证明和资料的真实性、准确性、完整性进行核查和验证；

（五）对评估活动中知悉的国家秘密、商业秘密和个人隐私予以保密；

（六）与委托人或者其他相关当事人及评估对象有利害关系的，应当回避；

（七）接受行业协会的自律管理，履行行业协会章程规定的义务；

（八）法律、行政法规规定的其他义务。

条文主旨

本条是关于评估专业人员应当履行的义务的规定。

立法背景

随着市场经济的发展，企业价值评估、房屋和土地价值评估、矿业权评估、保险公估等资产评估业务已渗透到中国经济社会运行的各个领域，评估行业已经成为一个重要的中介服务行业。为了规范评估从业行为，法律需要对评估专业人员应当履行的义务作出明确规定，以加强对评估专业人员的管理，促进评估专业人员诚实守信、勤勉尽责，依法独立、客观、公正从事业务。

条文解读

第1项规定的“诚实守信，依法独立、客观、公正从事业务”，可以说是评估专业人员在评估活动中应当遵循的基本原则。诚实守信是在合同或者其他经济活动中遵循民法基本原理的必然要求，现已越来越广泛地成为各行业普遍性的职业道德规范，并被直接写入法律之中。例如，证券法第 11 条第 2 款规定：“保荐人应当遵守业务规则和行业规范，诚实守信，勤勉尽责，对发行人的申请文件和信息披露资料进行审慎核查，督导发行人规范运作。”评估专业人员依法独立、客观、公正从事业务，既是各个评估专业领域共同的职业道德规范，也是很多法律法规上一贯的要求。2008 年制定的企业国有资产法第 50 条规定，资产评估机构及其工作人员受托评估有关资产，应当遵守法律、行政法规以及评估执业准则，独立、客观、公正地对受托评估的资产进行评估。现行保险法第 129 条规定，接受委托对保险事故进行评估和鉴定的机构和人员，应当依法、独立、客观、公正地进行评估和鉴定，任何单位和个人不得干涉。2011 年制定的《国有土地上房屋征收与补偿条例》第 20 条规定，房地产价格评估机构应当独立、客观、公正地开展房屋征收评估工作，任何单位和个人不得干预。“坚持独立、客观、公正的原则”还被写入中国资产评估协会等协会章程的宗旨之中。因此，本条规定将“诚实守信，依法独立、客观、公正从事业务”列为第一项，作为评估专业人员首先应当履行的义务。

第 2 项规定，评估专业人员应当“遵守评估准则，履行调查职责，独立分析估算，勤勉谨慎从事业务”。所谓评估准则，是对评估基本准则和评估执业准则、职业道德准则的统称。其中，评估基本准则由国务院有关评估行政管理部门组织制定，评估执业准则、职业道德准则由评估行业协会依据评估基本准则制定。本项规定还提出了评估专业人员“勤勉谨慎从事业务”的要求，这也是中介服务行业立法通常会有的要求，其重要表现在于评估专业人员应当认真履行必要情况下的现场调查等调查职责，在独立分析估算基础上编制评估报告。

第3项规定，评估专业人员应当“完成规定的继续教育，保持和提高专业能力”。评估专业人员为了保持和提高专业能力，胜任评估工作，需要完成规定的继续教育，包括但不限于本法第36条规定的应由评估行业协会组织开展的会员继续教育。

第4项规定，评估专业人员应当“对评估活动中使用的有关文件、证明和资料的真实性、准确性、完整性进行核查和验证”。只有基于真实、准确、完整的有关文件、证明和资料，评估专业人员才能提供高水平、高质量的评估服务。为了确保评估活动中使用的有关文件、证明和资料的真实性、准确性、完整性，本法规定委托人应当对其提供的权属证明、财务会计信息和其他资料的真实性、完整性和合法性负责之外，还规定评估专业人员应当对评估活动中使用的有关文件、证明和资料的真实性、准确性、完整性进行核查和验证。

第5项规定的“对评估活动中知悉的国家秘密、商业秘密和个人隐私予以保密”，是评估专业人员独立、客观、公正从事业务的必然要求，也是遵守保守国家秘密法、反不正当竞争法等的必然要求。国家秘密是指关系国家安全和利益，依照法定程序确定，在一定时间内只限一定范围的人员知悉的事项。商业秘密是指不为公众所知悉、能为权利人带来经济利益、具有实用性并经权利人采取保密措施的技术信息和经营信息。个人隐私是指不愿让他人知道的个人生活中的秘密事项。

第6项规定，评估专业人员“与委托人或者其他相关当事人及评估对象有利害关系的，应当回避”。实行回避制度有利于保证评估活动的公正性。评估专业人员与委托人或者其他相关当事人及评估对象有利害关系的，应当主动回避，向评估机构说明情况，不负责该项评估业务的办理。这里的“其他相关当事人”是指委托人之外，与该项评估活动有关的公民、法人，如房地产评估中，涉及买卖房产的双方当事人，一方为委托人的，另一方即为“其他相关当事人”。

第7项规定，评估专业人员应当“接受行业协会的自律管理，履行行业协会章程规定的义务”。评估专业人员作为所加入评估行业协会的会员，应当接受协会的自律管理，履行协会章程规定的义务。

第8项规定的“法律、行政法规规定的其他义务”属于兜底条款，本法和其他法律、行政法规规定的评估专业人员应当履行的义务，评估专业人员都应当积极履行。

相关规定

《中华人民共和国企业国有资产法》第50条；《中华人民共和国保险法》第129条；《中华人民共和国证券法》第11条；《国有土地上房屋征收与补偿条例》第20条。

第十四条 评估专业人员不得有下列行为：

（一）私自接受委托从事业务、收取费用；

（二）同时在两个以上评估机构从事业务；

（三）采用欺骗、利诱、胁迫，或者贬损、诋毁其他评估专业人员等不正当手段招揽业务；

（四）允许他人以本人名义从事业务，或者冒用他人名义从事业务；

（五）签署本人未承办业务的评估报告；

（六）索要、收受或者变相索要、收受合同约定以外的酬金、财物，或者谋取其他不正当利益；

（七）签署虚假评估报告或者有重大遗漏的评估报告；

（八）违反法律、行政法规的其他行为。

条文主旨

本条是对评估专业人员禁止从事的行为的规定。

条文解读

（一）不得私自接受委托从事业务、收取费用。依据本法第5条的规定，评估专业人员从事评估业务，应当加入评估机构。只有评估机构才能正式接受委托从事评估业务，评估专业人员只能接受评估机构委派从事指定的评估业务，不能私自接受委托从事业务，更不能收取费用。

（二）不得同时在两个以上评估机构从事业务。本法第5条规定，评估专业人员从事评估业务，应当加入评估机构，并且只能在一个评估机构从事业务。这一规定是为了要加强评估机构对评估专业人员的管理，如同限制公务员兼职的规定一样，主要考虑评估专业人员的时间和精力是有限的，同时强调评估专业人员的专业性，在规定评估机构对评估专业人员的行为负责的同时，要求评估专业人员不得同时在两个以上评估机构从事业务。如果某评估专业人员既有土地估价师资格，又有房地产估价师资格，同时又希望从事两个方面的业务，那就应当加入一家综合性评估机构。当然，这一规定也意味着评估专业人员不得在其他评估机构“挂名”，要求评估专业人员实际和名义上都不得同时在两个以上评估机构从事业务。

（三）不得采用欺骗、利诱、胁迫，或者贬损、诋毁其他评估专业人员等不正当手段招揽业务。本条第3项列举了目前行业中存在的一些较为明显的利用不正当手段招揽业务的行为。例如，评估专业人员在账外暗中给予对方单位或者个人回扣的，属于“利诱”的不正当手段；以扬言行凶报复、揭发隐私、加害亲属等相威胁，达到精神上强制对方给予业务的，属于“胁迫”的不正当手段。其他采用欺骗或者贬损、诋毁其他评估专业人员等不正当手段招揽业务的，都属于评估专业人员禁止从事的行为。

（四）不得允许他人以本人名义从事业务，或者冒用他人名义从事业务。由于“光环效应”的影响，评估专业人员在从事业务尤其是招揽业务过程中，往往容易存在“拉大旗作虎皮”的现象，冒用他人名义从事业务，也有的评估专业人员允许他人以本人名义从事业务，这种现象的存在，扰乱了评估行业的管理秩序。为规范评估行业管理，本条第4项要求评估专业人员杜绝利益诱惑，守住“诚实守信”的底线，不得放任、允许他人以本人名义从事业务，也不得冒用他人名义从事业务。这一规定也明确了“挂名”属于评估专业人员禁止从事的行为，杜绝了评估专业人员在评估机构“挂名”的可能。

（五）不得签署本人未承办业务的评估报告。在评估行业尚不十分规范的时代，签署本人未承办业务的评估报告可能见怪不怪。但是，这一行为是明显不符合职业道德的，也为评估基本准则所禁止。因此将其上升到法律层面，本法第

27 条第 1 款进一步明确规定，评估报告应当由至少两名以上承办该项业务的评估专业人员签名并加盖评估机构印章。评估专业人员不得违反这一规定，签署本人未承办业务的评估报告。

（六）不得索要、收受或者变相索要、收受合同约定以外的酬金、财物，或者谋取其他不正当利益。作为专业服务人员，不得向委托人索取约定服务费之外的不正当利益，是评估专业人员的基本职业道德要求。资产评估法将这一要求上升为法律规范，明确评估专业人员不得索要、收受或者变相索要、收受合同约定以外的酬金、财物或者谋取其他不正当利益，这是保证评估专业人员能够独立、客观、公正地从事业务的必然要求。

（七）不得签署虚假评估报告或者有重大遗漏的评估报告。评估报告作为评估行为的最终成果，是发挥评估制度功能的重要载体。所谓虚假评估报告，是指评估专业人员或者评估机构故意签署、出具的不实评估报告。所谓有重大遗漏的评估报告，是指因评估专业人员或者评估机构的过失而对应当考虑的重要事项有遗漏的评估报告。评估专业人员签署虚假评估报告或者有重大遗漏的评估报告，等于违反了基本的诚实守信和勤勉尽责义务，是严重违反职业道德的行为，更要为法律所禁止。

（八）不得有违反法律、行政法规的其他行为。本条第 8 项是兜底性条款，除了上述禁止性行为外，评估专业人员还不得有违反法律、行政法规的其他行为。

第三章　评估机构

第十五条　评估机构应当依法采用合伙或者公司形式，聘用评估专业人员开展评估业务。

合伙形式的评估机构，应当有两名以上评估师；其合伙人三分之二以上应当是具有三年以上从业经历且最近三年内未受停止从业处罚的评估师。

公司形式的评估机构，应当有八名以上评估师和两名以上股东，其中三分之二以上股东应当是具有三年以上从业经历且最近三年内未受停止从业处罚的评估师。

评估机构的合伙人或者股东为两名的，两名合伙人或者股东都应当是具有三年以上从业经历且最近三年内未受停止从业处罚的评估师。

条文主旨

本条是关于评估机构设立条件的规定。

立法背景

实践中，评估机构的设立条件，除了遵守合伙企业法和公司法上的一般性要求外，往往还要符合行政法规、部门规章的特定要求。例如，2011 年颁布的《资产评估机构审批和监督管理办法》规定，设立合伙形式资产评估机构，除符合国家有关法律法规规定外，还应当具备下列条件：（1）有 2 名以上符合本办法规定的合伙人；（2）有 5 名以上注册资产评估师；（3）合伙人实际缴付的出资总额不低于人民币 10 万元，其中，以特殊的普通合伙形式设立的，合伙人实际缴付的出资总额不低于人民币 30 万元。设立公司形式资产评估机构，除符合国家有关法律法规规定外，还应当具备下列条件：（1）有 2 名以上符合本办法规定的股东；（2）有 8 名以上注册资产评估师；（3）注册资本不低于人民币 30 万元。资产评估机构的合伙人或者股东应当具备下列条件：（1）持有注册资产评估师证书；（2）取得注册资产评估师证书后，近三年连续专职从事资产评估业务；（3）成为合伙人或股东前三年内，未因评估执业行为受到行业自律惩戒或者行政处罚。其他专业领域的评估机构设立也大约如此，例如矿业权评估机构也对评估师人数作出要求，更能体现出依靠专家和业务骨干提供专业服务的人合性特点：依据 2008 年颁布的《矿业权评估管理办法（试行）》，采取合伙形式的不少于 3 名执业矿业权评估师和 2 名执行矿业权评估师合伙人；采取公司形式的应不少于 4 名执业矿业权评估师和 3 名执业矿业权评估师股东。依据 2013 年颁布的《房地产估价机构管理办法》，房地产估价机构申请核定三级以上资质，要求法定代表人或者执行合伙人是注册后从事房地产估价工作3年以上的专职注册房地产估价师；有限责任公司的股东中有2名以上、合伙企业的合伙人中有2名以上专职注册房地产估价师，股东或者合伙人中有一半以上是注册后从事房地产估价工作3年以上的专职注册房地产估价师。因此，本条梳理各专业领域评估机构的评估师人数要求后，对评估机构的设立条件作出了新的统一规定。

条文解读

第1款规定了评估机构依法采用合伙或者公司形式，聘用评估专业人员开展评估业务。采用合伙形式的，应当遵循合伙企业法的一般性规定，即设立合伙企业，应当具备下列条件：(1)有二个以上合伙人。合伙人为自然人的，应当具有完全民事行为能力；(2)有书面合伙协议；(3)有合伙人认缴或者实际缴付的出资；(4)有合伙企业的名称和生产经营场所；(5)法律、行政法规规定的其他条件。采用公司形式的，也应当遵循公司法的一般性规定，即设立有限责任公司，应当具备下列条件：(1)股东符合法定人数（50人以下）；(2)有符合公司章程规定的全体股东认缴的出资额；(3)股东共同制定公司章程；(4)有公司名称，建立符合有限责任公司要求的组织机构；(5)有公司住所。设立股份有限公司，应当具备下列条件：(1)发起人符合法定人数（应当有二人以上二百人以下为发起人，其中须有半数以上的发起人在中国境内有住所)；(2) 有符合公司章程规定的全体发起人认购的股本总额或者募集的实收股本总额；(3) 股份发行、筹办事项符合法律规定；(4) 发起人制订公司章程，采用募集方式设立的经创立大会通过；(5) 有公司名称，建立符合股份有限公司要求的组织机构；(6) 有公司住所。

第 2 款对合伙形式的评估机构应有的评估师人数和合伙人资格作出了特殊要求。合伙形式的评估机构聘用评估专业人员开展评估业务，其中应当有两名以上评估师，以保证评估机构的专业水准，并能够开展法定评估业务。该合伙形式评估机构的合伙人三分之二以上应当是具有三年以上从业经历且最近三年内未受停止从业处罚的评估师。评估机构的合伙人为两名的，两名合伙人都应当是具有三年以上从业经历且最近三年内未受停止从业处罚的评估师。

第 3 款对公司形式的评估机构应有的评估师人数和股东资格作出了特殊要求。公司形式的评估机构应当有八名以上评估师和两名以上股东，其中三分之二以上股东应当是具有三年以上从业经历且最近三年内未受停止从业处罚的评估师。评估机构的股东为两名的，两名股东都应当是具有三年以上从业经历且最近三年内未受停止从业处罚的评估师。

对于第 2 款至第 4 款规定的评估师人数等方面的特殊

要求，有两点需要注意：一是规定评估机构聘用的评估专业人员中的评估师数量，体现评估机构的专业水平，也是为了使评估机构符合能够指定两名评估师承办法定评估业务的基本要求。但是，作为设立评估机构的条件，法律并未对评估师必须属于同一专业类别作出强制要求。尤其是公司形式的评估机构应当有8名以上评估师，绝不能理解为成立一家矿业权评估机构应当有8名以上的矿业权评估师，或者成立一家土地估价机构应当有8名以上的土地估价师，有关评估行政管理部门更不能作出类似规定。而是应当从降低评估机构设立门槛的角度，理解为有8名以上评估师（例如2名土地估价师、2名矿业权评估师、2名房地产估价师、2名企业价值评估师）就可以设立同时进行土地估价、矿业权评估、房地产估价、企业价值评估的综合性评估机构。二是法律并未对合伙人或股东必须为自然人作出强制要求。意味着1名法人股东可以与两名自然人股东设立公司形式的评估机构，只要两名自然人股东是具有三年以上从业经历且最近三年内未受停止从业处罚的评估师，符合三分之二以上的规定比例即可。

相关规定

《中华人民共和国合伙企业法》第14条；《中华人民共和国公司法》第8条、第23条、第76条；《资产评估机构审批和监督管理办法》。

第十六条 设立评估机构，应当向工商行政管理部门申请办理登记。评估机构应当自领取营业执照之日起三十日内向有关评估行政管理部门备案。评估行政管理部门应当及时将评估机构备案情况向社会公告。

条文主旨

本条是对设立评估机构实行备案制的规定。

立法背景

国务院自2014年以来已经分批取消了许多有关评估师的职业资格准入（目前仍然保留资格准入的仅有房地产估价师），在评估机构的设立方面，同时也有些改革措施出台。例如资产评估机构，2014年10月，《国务院关于取消和调整一批行政审批项目等事项的决定》（国发〔2014〕50号），将省级人民政府财政行政部门负责的资产评估机构设立前置审批调整为后置审批。2014年12月，财政部发布公告落实国务院决定，将资产评估机构设立审批由工商登记前置审批改为“先照后证”的后置审批。又如旧机动车鉴定评估机构，2012年10月，《国务院关于第六批取消和调整行政审批项目的决定》（国发〔2012〕52号），将省级人民政府商务行政部门主管的旧机动车鉴定评估机构设立审批调整为由设区的市级商务行政部门实施。2016年2月，随着《国务院关于第二批取消152项中央指定地方实施行政审批事项的决定》（国发〔2016〕9号）的颁布，又将设立旧机动车鉴定评估机构的行政审批完全取消。

在立法过程中，有的常委委员、地方和部门提出，根据行政审批制度改革的精神，不应当对设立评估机构设置行政许可，只需要明确设立评估机构的法定条件，通过向主管部门备案的方式加强事中事后监管，体现出放管结合。因此，本法取消了资产评估机构设立的审批，改为备案制管理方式。这一规定符合国务院行政审批制度改革精神，符合鼓励“大众创业、万众创新”和实行简政放权、放管结合的改革方向和改革精神。

条文解读

设立评估机构，依照本法规定，应当经历以下三个步骤：

一、向工商行政管理部门申请办理登记

依照《中华人民共和国合伙企业登记管理办法》的规定，合伙企业的设立、变更、注销，应当依照合伙企业法和该办法的规定办理企业登记。工商行政管理部门是合伙企业登记机关。国务院工商行政管理部门负责全国的合伙企业登记管理工作。市、县工商行政管理部门负责本辖区内的合伙企业登记。合伙企业经依法登记，领取合伙企业营业执照后，方可从事经营活动。

依照《中华人民共和国公司登记管理条例》的规定，有限责任公司和股份有限公司设立、变更、终止，应当依照该条例办理公司登记。工商行政管理机关是公司登记机关。公司经公司登记机关依法登记，领取《企业法人营业执照》，方取得企业法人资格。

依照本法规定设立评估机构，无论采用合伙或者公司形式，都应当依法向工商行政管理部门申请办理登记。未经登记不得以评估机构名义从事经营活动。

二、向有关评估行政管理部门备案

本法明确要求评估机构应当自领取营业执照之日起三十日内向有关评估行政管理部门备案，包含了四层意思：一是，备案不是审批。评估机构自领取营业执照后已经可以正式从事经营活动，备案是事后告知，便于监管部门加强事中事后监管。二是，备案具有时间期限。本法规定应当自领取营业执照后三十日内备案，也是为了方便评估行政管理部门进行及时的事后监管，如果发现新设立评估机构不符合法定条件能够及时予以纠正。三是，备案是按照评估机构所从事评估业务的专业领域向有关评估行政管理部门备案。如从事房地产评估业务的，向住房和城乡建设部门备案；从事土地估价业务的，向国土资源管理部门备案等。综合性评估机构需要向所从事评估专业领域的各个主管部门备案。四是，备案是到评估机构所在地、有监督管理职责的设区的市级以上地方人民政府有关评估行政管理部门备案。依照本法第 7 条的规定，设区的市级以上地方人民政府有关评估行政管理部门按照各自职责分工，对本行政区域内的评估行业进行监督管理。所在地以外其他地方人民政府有关评估行政管理部门，不得以未在本地本部门备案为由对评估机构依法开展业务进行限制。

三、评估行政管理部门及时向社会公告

本法规定评估行政管理部门应当及时将评估机构备案情况向社会公告，既能够督促评估行政管理部门及时、认真履行职责，加强对评估机构设立的备案信息管理和其他后续监管，例如接受举报等，也能够通过信息公开吸引社会公众加入到对评估机构的监督中来，倒逼评估机构提高素质水平和加强自身诚信建设。

相关规定

《中华人民共和国合伙企业登记管理办法》第2条、第3条、第4条；《中华人民共和国公司登记管理条例》第2条、第3条、第4条。

第十七条 评估机构应当依法独立、客观、公正开展业务，建立健全质量控制制度，保证评估报告的客观、真实、合理。

评估机构应当建立健全内部管理制度，对本机构的评估专业人员遵守法律、行政法规和评估准则的情况进行监督，并对其从业行为负责。

评估机构应当依法接受监督检查，如实提供评估档案以及相关情况。

条文主旨

本条是关于评估机构依法独立、客观、公正开展业务等的规定。

立法背景

评估机构是向社会提供评估服务的专业组织，无论自愿评估，还是法定评估，都是要由评估机构这个行为主体完成的，评估专业人员都是在评估机构内从事业务。加强对评估机构规范管理，确保评估机构依法独立、客观、公正开展业务，建立健全质量控制和内部管理制度，才能实现规范评估行为，保护评估当事人合法权益和公共利益，促进资产评估行业健康发展，维护社会主义市场经济秩序的立法目的。

条文解读

本条对评估机构主要提出以下几个方面的要求：

一、依法独立、客观、公正开展业务

评估专业人员应当依法独立、客观、公正从事业务，同样的，评估机构也应当依法独立、客观、公正开展业务。这也是评估行业基本准则中最起码的道德要求，唯有独立、客观、公正，才能取信于人，才能发挥评估机构作为第三方社会中介服务机构应有的功能。本法为确保评估机构独立、客观、公正开展业务，专门作出规定：委托人拒绝提供或者不如实提供执行评估业务所需的权属证明、财务会计信息和其他资料的，评估机构有权依法拒绝其履行合同的要求；委托人要求出具虚假评估报告或者有其他非法干预评估结果情形的，评估机构有权解除合同；并禁止评估机构受理与自身有利害关系的业务等，以免影响其依法独立、客观、公正开展业务。

二、建立健全质量控制制度

产品质量是企业的生命，提供专业化的中介服务产品的评估机构也不能例外。评估机构的服务质量高低，又突出反映在其最终出具的评估报告上。为了提高评估机构专业化服务水平，保证评估报告的客观、真实、合理，立法要求评估机构必须建立健全质量控制制度。

要求评估机构建立健全质量控制制度，旨在保证评估报告的客观、真实、合理。评估机构要完善评估流程管理，建立健全评估报告内部审核机制，保证评估报告的质量。评估机构应当严格遵守本法有关评估程序的规定，并依据评估准则，建立评估报告的内部审核程序，可以同时采用的审核方式包括：内部交叉检查、专业技术审核和重大问题技术委员会审核等。内部交叉检查是由项目组内具备专业能力的从业人员进行互相检查；专业技术审核是由本单位确定的具备某类资产丰富评估经验和较强技术能力的人员，对某类资产评估情况进行专门审核；重大问题技术委员会审核一般是针对新兴业务或重大项目中的特殊技术问题，由技术委员会进行审核。

三、建立健全内部管理制度

广义上讲，建立健全质量控制制度也是建立健全内部管理制度的一个方面，但本条所称内部管理制度，主要是指对评估专业人员进行的内部管理，意味着评估机构要对本机构的评估专业人员遵守法律、行政法规和评估准则的情况进行监督，并对其从业行为负责。依照本法规定，评估专业人员从事评估业务，应当加入评估机构，并且只能在一个评估机构从事业务，有利于加强评估专业人员对评估机构的归属感和责任感，同时有利于依靠评估机构加强对评估专业人员评估行为的规范管理。评估专业人员违反本法规定，给委托人或者其他相关当事人造成损失的，由其所在的评估机构依法承担赔偿责任。尽管评估机构履行赔偿责任后，还可以向有故意或者重大过失行为的评估专业人员追偿，但是这种明确的“评估机构应当对本机构评估专业人员从业行为负责”的立法理念，也会促使评估机构从风险防范角度加强对其人员的内部管理制度。一般说来，评估机构可以通过建立健全岗位责任制，实行公平、合理的考核监督制度等来建立健全内部人员管理制度。

四、依法接受监督检查

评估机构应当依法接受有关评估行业主管部门和所加入的评估行业协会监督检查的义务不言自明，任何机构都不能逃避法律监督或者凌驾于法律之上，对于依靠“独立、客观、公正”的诚信法则生存的社会中介服务机构而言更是如此。而且，评估机构依法接受监督检查，是一种义务，同时也是对评估机构依法开展业务的一种保护。作为依法接受监督检查的重要方面，本条规定评估机构应当如实提供评估档案以及相关情况等。

第十八条 委托人拒绝提供或者不如实提供执行评估业务所需的权属证明、财务会计信息和其他资料的，评估机构有权依法拒绝其履行合同的要求。

条文主旨

本条是对评估机构在法定情形下有权拒绝履行合同的规定。

条文解读

合同法第67条规定，当事人互负债务，有先后履行顺序，先履行一方未履行的，后履行一方有权拒绝其履行要求；先履行一方履行债务不符合约定的，后履行一方有权拒绝其相应的履行要求。该条实际上是规定了后履行抗辩权，所谓后履行抗辩权是指依照合同的约定或者法律的规定负有后履行义务的当事人在负有先履行义务的一方当事人届期未履行义务或者履行义务有重大瑕疵的情况下，可以为了保护自己的合同利益，而拒绝履行自己的相应义务。

从本质上讲，后履行抗辩权是对违约的抗辩权，也称为对违约的救济权。

依照本法规定，评估机构应当是接受委托人的委托（应当订立委托合同）才开始开展评估业务。委托人应当为评估机构提供有关权属证明、财务会计信息和其他资料，并对其提供的权属证明、财务会计信息和其他资料的真实性、完整性和合法性负责，因为这些资料信息是构成评估机构开展评估业务的基础和前提，必须是由委托人先行履行，往后评估机构才有可能具备开展客观、公正、真实的评估业务的条件。因此，参照合同法第 67 条的规定，本条将委托人如实提供执行评估业务所需的权属证明、财务会计信息和其他资料作为先履行的义务，评估机构可以享有后履行抗辩权，依法拒绝从事虚假评估业务。在委托人拒绝提供或者不如实提供执行评估业务所需的权属证明、财务会计信息和其他资料这两种情形下，评估机构都可以主张后履行抗辩权，有权拒绝委托人履行合同的要求。但委托人如实提供执行评估业务所需的权属证明、财务会计信息和其他资料后，评估机构不能再主张后履行抗辩权，而应当尽职尽责开展评估业务。

相关规定

《中华人民共和国合同法》第 67 条。

第十九条　委托人要求出具虚假评估报告或者有其他非法干预评估结果情形的，评估机构有权解除合同。

条文主旨

本条是关于在特定情形下评估机构有权解除合同的规定。

立法背景

一般而言，委托人进行评估的目的是为了确定资产的真实价值。但也有的委托人试图左右评估活动，进而在相关的民事活动中使自己的利益最大化甚至是牟取暴利。出于后一种动机，委托人往往会通过要求出具虚假评估报告或者通过其他非法方式进行干预，使评估机构不能独立、客观地进行评估业务。在此种情况下，有必要对评估机构的单方解除权作出规定。

条文解读

一、委托合同的解除权

一般而言，合同的解除分为三种情形：一是协商解除。合同法第93条规定，当事人协商一致，可以解除合同。二是单方约定解除。合同法第93条规定，当事人可以约定一方解除合同的条件。解除合同的条件成就时，解除权人可以解除合同。三是单方法定解除。合同法第94条规定，有下列情形之一的，当事人可以解除合同：（1）因不可抗力致使不能实现合同目的；（2）在履行期限届满之前，当事人一方明确表示或者以自己的行为表明不履行主要债务；（3）当事人一方迟延履行主要债务，经催告后在合理期限内仍未履行；（4）当事人一方迟延履行债务或者有其他违约行为致使不能实现合同目的；（5）法律规定的其他情形。根据本条规定，委托人要求出具虚假评估报告或者有其他非法干预评估结果情形的，评估机构有权解除合同。这属于法律规定的可以单方解除合同的情形。

二、解除权是否可以经约定排除

本条规定的评估机构的单方解除权是法定解除条件，即使委托合同双方约定排除这一条款的适用或者约定双方应当协商解除合同，都不妨碍评估机构依据本条规定解除合同。

三、关于解除方是否应赔偿损失

合同法第410条规定，因单方解除委托合同给对方造成损失的，除不可归责于该当事人的事由以外，应当赔偿损失。只有解除事由不可归责于解除方，解除方才不负赔偿责任，即以赔偿损失为原则，以不赔偿损失为例外。

免除赔偿责任的条件是存在不可归责解除方的事由。本法第4条规定，评估机构及其评估专业人员开展业务应当遵守法律、行政法规和评估准则，遵循独立、客观、公正的原则。第12条规定，评估专业人员在评估活动中有权拒绝委托人或者其他组织、个人对评估行为和评估结果的非法干预。第14条、第20条规定，评估专业人员、评估机构不得签署、出具虚假评估报告或者有重大遗漏的评估报告。第27条规定，委托人不得串通、唆使评估机构或者评估专业人员出具虚假评估报告。根据上述规定可以看出，评估机构应当依法开展业务，遵循独立、客观、公正的原则。委托人因一己私欲而向评估机构提出出具虚假评估报告或者其他任何非法干预的要求，都是无理要求，属于合同法规定的“不可归责于该当事人的事由”，评估机构在行使法定单方解除权的同时，无须承担赔偿损失的责任。

相关规定

《中华人民共和国资产评估法》第4条、第12条、第14条、第20条、第27条；《中华人民共和国合同法》第93条、第94条、第410条。

第二十条 评估机构不得有下列行为：

（一）利用开展业务之便，谋取不正当利益；

（二）允许其他机构以本机构名义开展业务，或者冒用其他机构名义开展业务；

（三）以恶性压价、支付回扣、虚假宣传，或者贬损、诋毁其他评估机构等不正当手段招揽业务；

（四）受理与自身有利害关系的业务；

（五）分别接受利益冲突双方的委托，对同一评估对象进行评估；

（六）出具虚假评估报告或者有重大遗漏的评估报告；

（七）聘用或者指定不符合本法规定的人员从事评估业务；

（八）违反法律、行政法规的其他行为。

条文主旨

本条是关于评估机构禁止性行为的规定。

立法背景

本法第4条规定，评估机构及其评估专业人员开展业务应当遵守法律、行政法规和评估准则。根据这一规定，评估机构首先应当遵循合法性原则。评估机构的不法行为包括谋取不正当利益、不正当竞争、评估报告失实和违法指定评估人员等。本条针对这些行为，一共列举了8项禁止性要求，评估机构必须遵守。

条文解读

评估机构不得有下列行为：

1. 利用开展业务之便，谋取不正当利益。如向委托人索要、收受合同约定以外的财物或者其他不正当利益。

2. 允许其他机构以本机构名义开展义务，或者冒用其他机构名义开展业务。本法第3条规定，自然人、法人或者其他组织需要确定评估对象价值的，可以自愿委托评估机构评估。涉及国有资产或者公共利益等事项，法律、行政法规规定需要评估的，应当依法委托评估机构评估。根据上述规定，委托人需通过评估机构进行评估。但各评估机构在专业水平、人员素质和业内口碑上都有很大差异，有的评估机构采取冒名顶替的方式承揽业务，扰乱评估行业秩序。为防止上述不正当竞争行为，本项对两种行为作了禁止性规定：一是允许其他机构冒用本机构名义从业；二是冒用其他机构名义从业。

3. 以恶性压价、支付回扣、虚假宣传，或者贬损、诋毁其他评估机构等不正当手段招揽业务。恶性压价，是指评估机构用远低于行业平均价格甚至低于成本的价格提供评估服务，以获取市场份额的竞争方式。恶性压价的后果是价格降低了，评估质量也下降了，不但恶意排挤了竞争对手，而且实际上也损害了委托人的利益，评估机构自身最终也难以为继，从而破坏了评估行业的正常经营秩序。支付回扣，是指评估机构在账外从委托人支付的委托款中按一定比例返还给委托人的价款。反不正当竞争法第8条规定，经营者不得采用财物或者其他手段进行贿赂以销售或者购买商品。在账外暗中给予对方单位或者个人回扣的，以行贿论处；对方单位或者个人在账外暗中收受回扣的，以受贿论处。经营者销售或者购买商品，可以以明示方式给对方折扣，可以给中间人佣金。经营者给对方折扣、给中间人佣金的，必须如实入账。接受折扣、佣金的经营者必须如实入账。虚假宣传，是指对自己的评估服务进行各种形式的虚假的和引人误解的宣传，如夸大本评估机构的规模和评估专业人员的评估水平等。贬损、诋毁其他评估机构，是指以捏造、歪曲事实等不正当手段来中伤竞争对手，达到降低竞争对手的商业信誉、丑化商业形象、使竞争对手失去有效竞争力并谋求自己的市场竞争优势的目的，如在委托人评估咨询过程中为招揽业务，故意把其他同行说得一文不值，以抬高本评估机构的身价。

4. 受理与自身有利害关系的业务。评估机构开展评估业务应当不受任何外来因素的干扰，如果受理与自身有利害关系的业务，就失去了公正性，评估业务就有可能被这些利益所左右，直接影响评估结果的真实性，进而损害委托人或者第三人的合法权益。利害关系，是指与其自身的利益密切相关。与自身有利害关系的业务，评估机构不应受理。如房屋交易中的买方委托评估机构进行评估，但评估机构的合伙人之一正是该房产的所有人，评估机构对该项业务应不予受理。需要注意的是，该项的规定是指与评估机构自身有利害关系的业务不得受理，但与评估机构内的评估专业人员有利害关系的，不在此限。与评估专业人员有利害关系的，适用本法第 24 条的规定，委托人有权要求与相关当事人及评估对象有利害关系的评估专业人员回避。

5. 分别接受利益冲突双方的委托，对同一评估对象进行评估。利益冲突的双方，是指对评估对象有不同利益诉求的当事人，如买卖双方。如果利益冲突双方在彼此不知情的情况下，同时委托了同一评估机构，而此评估机构又分别接受双方的委托，则构成违法。接受双方委托会产生以下问题：一是评估机构对同一评估对象接受两个委托，获取了不正当利益。二是评估机构难以做到公正、客观。在利益冲突双方的不同诉求面前，评估机构很难做到“一碗水端平”。不能做到公正，客观性也就无从谈起。

但需要注意的是，按照约定优先的原则，经利益冲突双方协商一致，共同委托同一评估机构，而评估机构接受委托的，则不属于“分别接受委托”，不在禁止之列。

6. 出具虚假评估报告或者有重大遗漏的评估报告。评估机构开展业务应当遵循客观性原则，保证评估报告的真实性、准确性和完整性。虚假评估是指评估机构和评估专业人员故意出具不实评估报告。重大遗漏是指因评估机构和评估专业人员的过失而使评估报告遗漏重要事项，造成评估报告不实。

此外，评估机构还有权排除干扰，保证评估报告的真实性。本法第18条规定，委托人拒绝提供或者不如实提供执行评估业务所需的权属证明、财务会计信息和其他资料的，评估机构有权依法拒绝其履行合同的要求。本法第 19 条规定，委托人要求出具虚假评估报告或者有其他非法干预评估结果情形的，评估机构有权解除合同。

7. 聘用或者指定不符合本法规定的人员从事评估业务。本法对评估专业人员作了专门规定：例如，第 11 条规定，因故意犯罪或者在从事评估、财务、会计、审计活动中因过失犯罪而受刑事处罚，自刑罚执行完毕之日起不满 5 年的人员，不得开展评估业务。第 28 条规定，评估机构开展法定评估业务，应当指定至少两名相应专业类别的评估师承办，等等。评估机构不得聘用或者指定不符合上述规定的人员从事评估业务。

8. 违反法律、行政法规的其他行为。本项规定是兜底条款，意指评估机构不得有本法和其他法律、行政法规规定的其他禁止性行为。

相关规定

《中华人民共和国资产评估法》第 3 条、第 11 条、第 18 条、第 19 条、第 32 条；《中华人民共和国反不正当竞争法》第 8 条。

第二十一条　评估机构根据业务需要建立职业风险基金，或者自愿办理职业责任保险，完善风险防范机制。

条文主旨

本条是评估机构完善风险防范机制的规定。

立法背景

资产评估行业是一个专业性很强的中介服务行业，由于评估机构的评估活动，涉及委托人利益、第三人利益和公共利益，一般认为评估机构与注册会计师事务所、律师事务所等类似，需要承担较高的职业风险。为了有效应对较高的职业风险，借鉴实践中的通常做法，本条规定评估机构根据业务需要建立职业风险基金，或者自愿办理职业责任保险，完善风险防范机制。

条文解读

一、根据业务需要建立职业风险基金

鉴于资产评估行业本身风险较高的特点，为了促进评估行业健康发展，提高评估机构的抗御风险能力，完善其职业责任保障机制，有关评估行政管理部门和评估行业协会在实践中探索推进职业风险基金制度。例如，2009 年 2 月财政部印发《资产评估机构职业风险基金管理办法》（财企〔2009〕26 号），要求资产评估机构应当于每一个会计年度终了前，以本年度评估业务收入为基数，按照不低于 5% 的比例从管理费用中提取职业风险基金，并设立专户核算。资产评估机构提取的职业风险基金应当用于下列支

出：（1）因职业责任引起的民事赔偿；（2）与民事赔偿相关的律师费、诉讼费等法律费用。上述支出事项发生后，资产评估机构向相关责任人追偿的部分，应当纳入职业风险基金管理。资产评估机构持续经营期间，应当保证结余的职业风险基金不低于近五年评估业务收入总和的5%。资产评估机构因赔付造成职业风险基金余额低于近五年评估业务收入总和5%的，应当于本会计年度终了前提取补足职业风险基金。具有证券、期货相关业务评估资格的资产评估机构，因补提职业风险基金导致净资产不足200万元的，股东或合伙人应当在三个月内注资补足净资产。2005年10月中国土地估价协会报经国土资源部同意，印发《土地估价机构职业风险基金管理规定》（中估协发〔2005〕32号），要求在中国土地估价师协会注册的有限责任土地估价机构必须健全职业风险基金制度，将其作为估价机构规避执业风险，加强风险管理的必备制度和执业前提。经营期间，职业风险基金按不低于估价业务收入的5%计提，作为估价机构工作失误而依法进行赔偿的准备金。估价机构在持续经营期间，职业风险基金由机构自行明确计提比例，自行管理，除规定的用途外，不能用于分配。股东（出资人）离开估价机构时，不能按照股权比例分取职业风险基金。估价机构分立或终止清算时，应将所提留的职业风险基金存入中国土地估价师协会指定专用共管账户作为期后赔偿准备金，由协会代管三至五年。在机构所做估价项目发生索赔时由索赔人提出申请，经协会审核后，在该机构职业风险基金额度内拨付。协会代管到期后如无赔付事项发生，或虽有赔付但仍有余额，将所余职业风险基金返还承担原估价机构所做业务风险的新机构。机构分立或终止清算时，已计提的职业风险基金数额未达到本规定要求或不足注册资金的80%时，从注册资金或其他资金中提取存入专用账户。

本条肯定了职业风险基金制度在完善评估机构风险防范机制方面的积极作用，但需要注意，本条规定的评估机构根据业务需要建立职业风险基金，意味着法律上并未强制要求评估机构一律建立职业风险基金，而是可以根据业务需要自主选择决定是建立职业风险基金，还是办理职业责任保险等。

二、自愿办理职业责任保险

在立法过程中，一些评估机构提出，职业风险基金制度可能造成大量资金积压不能得到高效利用，而且相比于国际通行的职业责任保险，职业风险基金的风险防范能力有限。职业责任保险是指，以各种专业技术人员因工作上的疏忽或过失造成合同对方或他人的人身伤害或财产损失依法应承担的损害赔偿责任为承保对象的责任保险。例如，注册会计师法第28条第2款规定：“会计师事务所按照国务院财政部门的规定建立职业风险基金，办理职业保险。”保险法第124条规定：“保险代理机构、保险经纪人应当按照国务院保险监督管理机构的规定缴存保证金或者投保职业责任保险。”这些法律都将办理职业责任保险作为重要的职业风险防范机制。

早在2002年8月23日，北京注册会计师协会、中国人民保险公司北京分公司正式签订《注册资产评估师职业责任保险合作协议书》。在签约仪式上，中国人民保险公司北京分公司与首批20家投保的资产评估机构签订了保险合同。但目前职业责任保险仍然处于不尽完善的阶段，虽然有意见提出应当立法强制评估机构办理职业责任保险，但本法仍然坚持尊重市场主体的自由意志，在肯定职业责任保险制度在完善评估机构风险防范机制方面的积极作用的同时，规定职业责任保险自愿办理。

相关规定

《中华人民共和国注册会计师法》第28条；《中华人民共和国保险法》第124条；《资产评估机构职业风险基金管理办法》。

第四章 评估程序

第二十二条 委托人有权自主选择符合本法规定的评估机构，任何组织或者个人不得非法限制或者干预。

评估事项涉及两个以上当事人的，由全体当事人协商委托评估机构。

委托开展法定评估业务，应当依法选择评估机构。

条文主旨

本条是关于委托人选择评估机构的规定。

立法背景

评估程序是评估业务的重要组成部分。评估程序的起点是委托人的委托。本法第2条规定，评估机构及其评估专业人员根据委托从事评估业务。因此，对委托人选择评估机构的行为进行规范对保证评估业务的顺利开展具有重要意义。

条文解读

一、自愿原则

自愿原则又称为意思自治原则，是指民事主体依照自己的理性判断，自主参与民事活动，管理自己的私人事务，不受非法干预。自愿原则包括三层含义：一是当事人自主决定民事事项。在民事活动中，当事人可以自主决定各种事项，不仅可以决定是否实施某行为或参与某民事法律关系，而且可以决定行为的相对人、行为的方式以及法律关系的内容等。二是当事人对自己的真实意思负责。在民事活动中，只有当事人的意思表示真实才能发生法律效力。当事人对表达自己的真实意愿的民事行为负责。三是只要民事主体的行为不违反法律规定，其他任何组织和个人都不能干涉。欺诈、强迫、威胁等违背民事主体意志的不正当行为，都为法律所禁止。

委托人和评估机构签订委托合同进行资产评估是一项民事活动，同样要遵循自愿原则。合同法第 4 条规定，当事人依法享有自愿订立合同的权利，任何单位和个人不得非法干预。本法第 3 条规定，自然人、法人或者其他组织需要确定评估对象价值的，可以自愿委托评估机构评估。本条进一步规定，委托人有权自主选择符合本法规定的评估机构，任何组织或者个人不得非法限制或者干预。

二、符合本法规定的评估机构

委托人虽然在选择权上遵循自愿原则，但在选择的对象（评估机构）上应当遵循合法性原则。委托人应选择符合本法规定的评估机构。本法第15条规定，评估机构应当依法采用合伙或者公司形式，聘用评估专业人员开展评估业务。合伙形式的评估机构，应当有两名以上评估师；其合伙人三分之二以上应当是具有三年以上从业经历且最近三年内未受停业从业处罚的评估师。公司形式的评估机构，应当有8名以上评估师和两名以上股东，其中三分之二以上股东应当是具有三年以上从业经历且最近三年内未受停止从业处罚的评估师。评估机构的合伙人或者股东为两名的，两名合伙者或者股东应当是具有三年以上从业经历且最近三年内未受停止从业处罚的评估师。本法第16条规定，设立评估机构，应当向工商行政管理部门申请办理登记。评估机构应当自领取营业执照之日起三十日内向有关评估行政管理部门备案。

三、协商委托

评估事项涉及两个以上当事人的，由全体当事人协商委托评估机构。协商委托，要有共同的意思表示。包括以下几层含义：一是应当是与评估事项相关的当事人。与评估事项无关的其他各方，与委托没有利害关系，不是当事人，委托人无须与其进行协商。与评估事项相关的当事人，如离婚析产的夫妻双方、财产继承中涉及的多个继承人、买卖合同的双方等。二是全体当事人。协商应由所有相关当事人参与，共同协商委托评估机构。

四、委托开展法定评估业务，应当依法选择评估机构

涉及国有资产或者公共利益等事项，法律、行政法规规定需要评估的，应当依法选择评估机构评估，即依照法律、法规、规章规定的程序，选择符合法定条件的评估机构进行评估。如《国有土地上房屋征收与补偿条例》对选择房地产价格评估机构的程序作了明确规定。

相关规定

《中华人民共和国资产评估法》第 2 条、第 15 条、第 16 条；《中华人民共和国合同法》第 4 条；《国有土地上房屋征收与补偿条例》第 20 条。

第二十三条 委托人应当与评估机构订立委托合同，约定双方的权利和义务。

委托人应当按照合同约定向评估机构支付费用，不得索要、收受或者变相索要、收受回扣。

委托人应当对其提供的权属证明、财务会计信息和其他资料的真实性、完整性和合法性负责。

条文主旨

本条是关于委托人与评估机构订立合同，并按合同履约，支付费用、提供真实信息的规定。

立法背景

委托人委托评估机构对相关资产、权益进行评定、估算，且评估机构同意承担这项委托任务，则是委托人和评估机构两个平等民事主体之间确立了一种民事权利义务关系，即委托与被委托的关系，这是一种民事合同关系。合同订立后，双方都应当遵守合同约定，根据资产评估委托合同的特点，委托人应当遵守一些特别的规定，如支付费用，如实提供相关信息等，这些要求是委托合同能够顺利履行的前提条件。

条文解读

一、资产评估委托合同

合同订立，是指当事人通过协商而于互相之间建立合同关系的行为。本条第一款规定，委托人应当与评估机构订立委托合同，约定双方的权利和义务。

合同订立主体是委托人与评估机构，他们是实际享受合同权利并承担合同义务的主体。同时，根据合同法的有关规定，双方主体也可以通过其代理人签订合同。双方当事人订立合同必须是“依法”进行。根据合同法的规定，有下列情形之一的，合同无效：（1）一方以欺诈、胁迫的手段订立合同，损害国家利益；（2）恶意串通，损害国家、集体或者第三人利益；（3）以合法形式掩盖非法目的；（4）损害社会公共利益；（5）违反法律、行政法规的强制性规定。

委托人与评估机构签订委托合同的主要内容和目的，就是约定双方的权利和义务。本法在第2章和第3章分别规定了评估专业人员和评估机构应当履行的义务，在第4章规定了基本的评估程序。但由于评估对象不同，评估目的不同，双方具体的权利义务也有所不同。一般来说，委托人的权利义务主要有：如实提供与评估有关的信息资料，配合评估机构现场调查工作，提出投诉和回避要求，按时足额支付评估费用等。评估机构的权利义务主要有：坚持独立、客观、公正的原则，认真执行有关法律法规，严格遵守工作规程和技术准则，对委托人的信息资料负有保密义务，按约定时间提交评估报告，发现委托人不提供或者不如实提供有关材料时有权拒绝履行合同等。对于未尽事宜，委托人和评估机构应当协商解决，并符合法律法规的规定。

应当注意的是，委托人不得绕开评估机构直接与评估专业人员订立委托合同，评估专业人员也不得私自接受委托从事业务、收取费用。订立委托合同，应由委托人与评估机构的法定代表人或者其授权代表签订。

二、委托人按约支付费用

评估费用是委托人支付给评估机构的费用。评估费用标准和支付方式，由委托人和评估机构在委托合同中作出约定，委托人按照约定支付评估费用，既是保证评估工作顺利开展的前提条件，也是遵守合同的要求。

各种形式的索要、收受回扣，是影响评估工作公正、客观进行的因素，必须杜绝。随着社会主义市场经济的不断发展，越来越多的评估机构和评估专业人员加入到评估市场中来，竞争越来越激烈，难免会有一些评估机构或者评估专业人员意欲通过一些不正当的手段获取更多的评估项目。其中，对委托人提供回扣是发生较多的一种情形。因此，本条第 2 款特别规定，委托人不得索要、收受或者变相索要、收受回扣。根据本法第 52 条的规定，如果委托人在法定评估中索要、收受或者变相索要、收受回扣的，由有关评估行政管理部门会同有关部门责令改正；拒不改正的，处十万元以上五十万元以下罚款；有违法所得的，没收违法所得；情节严重的，对直接负责的主管人员和其他直接责任人员依法给予处分；造成损失的，依法承担赔偿责任；构成犯罪的，依法追究刑事责任。同时，本法也规定，评估机构不得以支付回扣的不正当手段招揽业务，如果有这种行为的，由有关评估行政管理部门予以警告，可以责令停业一个月以上六个月以下；有违法所得的，没收违法所得，并处违法所得一倍以上五倍以下罚款；情节严重的，由工商行政管理部门吊销营业执照；构成犯罪的，依法追究刑事责任。

三、委托人提供资料的真实性、完整性和合法性

与评估对象相关资料的真实、完整、合法与否，是决定评估是否客观、公正、准确的基础。资料的收集，既要依靠评估专业人员主动调查核实，也要依靠委托人主动提供，且后者更具有便利性。因此，本法规定，评估专业人员有权要求委托人提供相关的权属证明、财务会计信息和其他资料，以及为执行公允的评估程序所需的必要协助；委托人拒绝提供或者不如实提供执行评估业务所需的权属证明、财务会计信息和其他资料的，评估机构有权依法拒绝其履行合同的要求。如果因为委托人故意或者重大过失提供虚假、错误的权属证明、会计财务信息和其他资料，造成评估报告失真，进而造成损失的，应由委托人承担相应的法律责任。委托人在法定评估中不如实向评估机构提供权属证明、财务会计信息和其他资料的，由有关评估行政管理部门会同有关部门责令改正；拒不改正的，处十万元以上五十万元以下罚款；有违法所得的，没收违法所得；情节严重的，对直接负责的主管人员和其他直接责任人员依法给予处分；造成损失的，依法承担赔偿责任；构成犯罪的，依法追究刑事责任。

相关规定

《中华人民共和国资产评估法》第12条、第18条、第20条、第52条。

第二十四条 对受理的评估业务，评估机构应当指定至少两名评估专业人员承办。

委托人有权要求与相关当事人及评估对象有利害关系的评估专业人员回避。

条文主旨

本条是关于评估业务承办规则和评估专业人员回避规则的规定。

立法背景

本法第 4 条规定，评估机构及其评估专业人员开展业务应当遵循独立、客观、公正的原则；第 13 条规定，诚实守信，依法独立、客观、公正从事业务是评估专业人员应当履行的义务。因此，本条规定，办理评估业务，应当由至少两名评估专业人员承办；对于与相关当事人及评估对象有利害关系的评估专业人员，应当回避。

条文解读

本条第 1 款规定，承办具体的评估业务，应由至少两名评估专业人员进行。作这样的规定，主要是为了保证评估工作的公正、客观。这一规定是法定的，评估机构在受理任何评估业务时，不论该业务标的额有多小、评估方法有多简单，都必须指定至少两名评估专业人员承办评估事务。如果评估机构只派出一名评估专业人员，委托人有权拒绝。

本条第 2 款规定了评估专业人员的回避原则。回避的目的是防止徇私舞弊或发生偏见，以有利于对评估对象价值的客观认定。委托人发现有关评估专业人员有应当回避的情形时，有权要求该人员不参与此项评估工作。评估机构在确认相关情况属实后，应当及时更换有关评估专业人员。

应当注意的是，为了保证评估工作的客观、公正，有关评估专业人员应当根据本法第 13 条的规定，在了解自己与委托人或者其他相关当事人及评估对象有利害关系时，应当主动申请回避。

相关规定

《中华人民共和国资产评估法》第 4 条、第 13 条。

第二十五条 评估专业人员应当根据评估业务具体情况，对评估对象进行现场调查，收集权属证明、财务会计信息和其他资料并进行核查验证、分析整理，作为评估的依据。

条文主旨

本条是关于现场调查和评估依据的规定。

条文解读

执行评估业务，应当对评估对象进行必要的现场调查，包括对不动产和其他实物进行必要的现场勘查。对企业价值、股权和无形资产等非实物性资产进行评估时，也应当根据评估对象的具体情况进行必要的现场调查。进行现场调查不仅是基于对评估专业人员履行调查职责，勤勉谨慎从事业务的义务要求，也是评估程序的必经环节。评估专业人员应当根据评估项目的具体情况，确定合理的资产勘查或者现场调查方式，并与委托方或者资产占有方进行沟通，确保现场调查、勘察工作顺利进行。

评估专业人员在进行现场调查的同时，还应当收集一系列资料，包括权属证明、财务会计信息和其他资料并进行核查验证、分析整理。资料收集、整理工作是评估工作质量的重要保证，也是进行分析判断，进而形成评估结论的基础。不同的项目、不同的评估目的、不同的资产类型，对评估资料有着不同的需求。另外，由于评估对象及其所在行业的市场状况、信息化和公开化的程度不同，相关资料的获取程度也不同。评估专业人员在日常工作中应当注重收集信息资料，并根据所承办评估对象的情况确定收集资料的深度和广度，尽可能全面、翔实地占有资料，并采取切实有效措施确定资料来源的可靠性。评估专业人员应当通过与委托人、资产占有方沟通并指导其对评估对象进行清查等方式，对评估对象或者资产占有单位资料进行了解，并对委托人和资产占有方提供的资料进行必要的核实。同时，评估专业人员也应当主动收集与评估业务相关的评估对象资料及其他评估资料。根据评估工作进展情况，评估人员应当及时补充收集所需要的资料。

评估活动所依据的资料，包括资产所有者的内部信息资料和资产所有者的外部信息资料。内部信息资料包括权属证明法律文件、成本花费、类似资产交易记录、资产预期剩余使用寿命等，一般由资产所有者或者占有者提供，对于不能提供的，则需要评估专业人员进行调查后才能取得。外部信息资料包括行业资料、发展趋势、宏观经济前景、市场交易定价资料等，一般来源于公开市场和公共信息领域，如市场、政府、自媒体、行业协会信息等。

在收集到相关资料后，并不是每一份资料都会对评估工作具有积极意义。这就存在一个去伪存真、去粗取精的过程，靠的是评估专业人员对信息资料进行核查验证和分析整理。对资产信息资料的合理性和可靠性进行识别，对于失真的信息资料要及时鉴别并剔除。对所收集的资料和数据是否具有合理性、相关性也需要进行分析。这种分析，通常可以通过确定信息源的可靠性和资料本身的可靠性来解决。经过核查验证、分析整理后的信息资料，可以作为评估依据。

第二十六条　评估专业人员应当恰当选择评估方法，除依据评估执业准则只能选择一种评估方法的外，应当选择两种以上评估方法，经综合分析，形成评估结论，编制评估报告。

评估机构应当对评估报告进行内部审核。

条文主旨

本条是关于评估方法和评估报告内部审核的规定。

立法背景

以准则形式规范行业执业行为，是专业服务领域通行的做法。目前，根据评估领域的不同，我国有资产评估准则、国家标准房地产估价规范、矿业权评估技术基本准则、城镇土地估价规程等多部评估执业准则。评估专业人员应当依据这些执业准则，采取适当的评估方法进行评估。同时，评估机构作为自主经营、自担风险的独立主体参与市场服务，其内部控制体系的合理性和有效性直接影响其自身的经营管理效率和服务水平；评估机构内部控制的整体水平，直接影响到行业形象和服务效率。因此，建立有效和完善的内部控制体系，既是评估机构自身发展的需要，也是行业发展的客观要求。

条文解读

一、评估方法

评估专业人员应当对所收集的资产评估资料进行分析，确定其可靠性、相关性、可比性，去除不可靠、不相关的信息，对信息进行必要的分析整理，在此基础上选择恰当的评估方法。当前，评估有多种方法，如重置成本法、现行市价法、收益现值法、清算价格法、假设开发法、基准地价修正法等。用收益现值法进行资产评估的，应当根据被评估资产合理的预期获利能力和适当的折现率，计算出资产的现值，并以此评定重估价值。用重置成本法进行资产评估的，应当根据该项资产在全新情况下的重置成本，减去按重置成本计算的已使用年限的累积折旧额，考虑资产功能变化、成新率等因素，评定重估价值；或者根据资产的使用期限，考虑资产功能变化等因素重新确定成新率，评定重估价值。用现行市价法进行资产评估的，应当参照相同或者类似资产的市场价格，评定重估价值。用清算价格法进行资产评估的，应当根据企业清算时其资产可变现的价值，评定重估价值。

原则上，在承办评估项目中，评估专业人员应当在根据相关执业准则确定的评估方法中选择两种以上的方法。之所以要求选择两种以上方法，是为了使评估结论更加科学、准确，确保评估报告的合理性。如果相关评估执业准则只规定了一种评估方法，则应当严格适用该种方法，并在评估报告中说明。评估专业人员在选择恰当的评估方法后，应根据评估基本原理和评估执业准则的要求恰当运用评估方法进行评估，形成初步评估结论。

二、形成评估结论和编制评估报告

评估专业人员在形成初步资产评估结论的基础上，需要对信息资料、参数的数量、质量和选取的合理性等进行综合分析，以形成评估结论，编制评估报告。编制评估报告时，必须清楚地表达评估结论，并对评估依据进行充分说明，明确评估机构的义务与责任。因此，编制评估报告应当遵循以下规则：（1）清晰、准确地陈述评估报告内容，不使用误导性、模糊性表述。（2）在评估报告中提供必要信息，使报告使用者能够合理理解评估结论。（3）根据评估对象的复杂程度、委托方要求，合理确定评估报告的详略程度。（4）当评估程序受到限制且无法排除，经与委托方沟通协商后仍需出具评估报告的，应当在评估报告中说明评估程序受限情况及其对评估结论的影响，并明确评估报告的使用限制。（5）明确评估报告的使用有效期。通常，只有当评估基准日与经济行为实现日相距不超过一年时，才可以使用该评估报告。

评估报告基本内容包括：（1）评估机构、委托方、产权持有者和委托方之外其他评估报告使用者的情况；（2）评估目的；（3）评估对象和评估范围；（4）评估基准日；（5）评估方法及其说明；（6）评估假设和相关报告限制使用条件；（7）评估报告提交时间及方式；（8）评估服务费总额、支付时间和方式；（9）其他需要明确的重要事项等。评估专业人员在提交正式评估报告前，可以在不影响对最终评估结论进行独立判断的前提下，与委托方或者委托方许可的相关当事方就评估报告有关内容进行必要沟通。

三、评估报告的内部审核

根据本条第 2 款的规定，评估机构应当对评估报告进行内部审核，这就要求评估机构建立内部质量控制制度。建立健全评估机构内部审核机制具有重要意义：一是内部审核可以确保评估报告的质量。二是内部审核可以有效防范评估机构的经营风险，加强对经营薄弱环节的控制，对项目风险做出合理的判断。三是促进市场健康稳定发展，维护社会公众利益。当前，评估专业人员数量较多，存在一定的竞争，导致委托方即使有不合理的要求，一些评估专业人员往往也会迁就。这些现象直接导致了某些评估专业人员执业时不能按照客观地评估程序完成评估报告。这就要求在加强外部监管的同时，评估机构内部要建立严格的内部审核机制，由本机构内的其他评估专业人员对评估过程、评估程序、评估方法、评估结论等关键环节进行必要的复核工作，保证评估机构出具的评估报告是客观、公正的。

相关规定

《中华人民共和国资产评估法》第17条。

第二十七条 评估报告应当由至少两名承办该项业务的评估专业人员签名并加盖评估机构印章。

评估机构及其评估专业人员对其出具的评估报告依法承担责任。

委托人不得串通、唆使评估机构或者评估专业人员出具虚假评估报告。

条文主旨

本条是关于签署出具评估报告等的规定。

条文解读

本法第24条第1款规定，对受理的评估业务，评估机构应当指定至少两名评估专业人员承办。在具体的评估程序中，对评估对象资料的收集、核查、分析，形成评估结论，编制评估报告，都由承办人负责。因此，评估报告也应当由承办的评估专业人员签名，由其对评估报告的真实性、有效性负责。

同时，根据本法第5条、第14条的规定，评估专业人员从事评估业务，应当加入评估机构，不得私自接受委托从事业务、收取费用；第23条规定，委托人应当与评估机构订立委托合同，约定双方的权利和义务。即评估专业人员不能脱离评估机构执业，委托人也不得绕开评估机构直接与评估专业人员订立评估委托合同，否则合同无效。因此，对于具体承办评估业务的评估专业人员出具的评估报告，应当由评估专业人员所属的评估机构加盖印章，对外负责评估报告的真实性、有效性。

因评估报告出现错误、虚假、重大遗漏等情况，导致委托人或者其他报告使用人利益损失的，评估机构及其具体承办的评估专业人员应当依法承担责任。这种责任，包括民事责任、行政责任和刑事责任。本法第15条规定，评估机构应当依法采用合伙或者公司形式，聘用评估专业人员开展评估业务。即评估机构与评估专业人员之间是聘任关系，根据民法相关理论和本法第50条的规定，在对委托人或者其他相关当事人的民事责任（违约责任和侵权责任）方面，应当由评估机构承担，评估机构承担民事责任后，可向其所聘用的、有故意或者重大过失行为的评估专业人员追偿。在行政责任和刑事责任方面，根据本法第7章（法律责任）和刑法相关条文的规定，分别追究评估机构和评估专业人员的责任。

根据本法相关条文的规定，评估机构及其评估专业人员开展业务应当遵守法律、行政法规和评估准则，遵循独立、客观、公正的原则；应当履行诚实守信，依法独立、客观、公正从事和开展业务的义务；不得签署虚假评估报告或者有重大遗漏的评估报告。这一方面要求评估机构和评估专业人员加强职业道德修养，自觉杜绝和消除不公正、不客观的隐患。另一方面，法律也从委托人一方的角度作出规定，本条第3款规定的其不得串通、唆使评估机构或者评估专业人员出具虚假评估报告，就是其中之一。如果发生了委托人串通、唆使评估机构、评估专业人员出具虚假评估报告的行为，根据本法第12条、第19条的规定，评估专业人员有权拒绝这种干预，评估机构有权解除委托合同。如果委托人与评估机构、评估专业人员发生了串通行为，导致相关方利益损失的，委托人与评估机构、评估专业人员应当共同承担法律责任。同时，根据本法第52条规定，委托人在法定评估中有串通、唆使评估机构或者评估师出具虚假评估报告的，应当承担行政责任，构成犯罪的，依法追究刑事责任。

相关规定

《中华人民共和国资产评估法》第5条、第12条、第13条、第14条、第17条、第19条、第20条、第44条、第45条、第47条、第48条、第50条、第52条。

第二十八条 评估机构开展法定评估业务，应当指定至少两名相应专业类别的评估师承办，评估报告应当由至少两名承办该项业务的评估师签名并加盖评估机构印章。

条文主旨

本条是关于开展法定评估业务的规定。

条文解读

法定评估涉及国有资产产权变动、公共利益等事项。前者如国有企业合并、分立、改制、转让重大财产、以非货币财产对外投资、清算等情形；后者如相关法律、行政法规规定的涉及股票和债券发行、政府采购、国有土地上房屋征收补偿、金融机构撤销等。为了保护国有资产安全，维护公共利益，本条对开展法定评估业务作出了不同于一般评估业务的规定。

1. 开展法定评估业务，必须指定至少两名评估师承办。这是开展法定评估业务不同于一般评估业务的明显特点之一，也是资产评估立法对评估行业“放管结合”的具体体现。根据本法第 24 条、第 27 条的规定，对一般评估业务，不再要求必须由评估师承办，评估报告也不再要求由评估师签名，其他评估专业人员也可以承办评估业务并在评估报告上签名。根据本条规定，开展法定业务的，应当指定至少两名评估师承办，否则属于违法开展评估业务。

2. 承办法定评估业务的必须是至少两名属于同一相应专业类别的评估师。根据本法第 8 条的规定，国家根据经济社会发展需要确定评估师专业类别。目前我国评估师划分为资产评估、房地产估价、土地估价、矿业权评估、旧机动车鉴定估价、保险公估等六个专业类别。取得相应专业类别评估师资格，可以以该类别评估师名义开展评估业务。在一个评估机构尤其是综合评估机构中，可能有多名不同专业类别的评估师，例如资产评估师、土地估价师、房地产估价师、矿业权评估师等。开展法定评估业务，评估机构应当指定至少两名与该评估业务相关的专业类别评估师承办。例如办房地产类法定评估业务，必须指定至少两名房地产评估师承办。不符合这一要求的，评估机构属于“指定不符合本法规定的人员从事评估业务”。

3. 法定评估业务的评估报告由至少两名承办该项业务的评估师签名。本着谁承办谁签署评估报告的原则，在评估报告上签名的评估师必须具体承办该项业务。未承办该业务的评估师在评估报告上签名的，属于“签署本人未承办业务的评估报告”。

4. 法定评估业务的评估报告应当加盖评估机构的印章。法定评估是评估机构及其评估师的专业服务行为，评估机构与评估师对出具的评估报告承担法律责任。因此评估报告应当在相关评估师签名后加盖评估机构印章，才能对外发生法律效力。

相关规定

《中华人民共和国公司法》第27条；《中华人民共和国企业国有资产法》第47条、第48条、第49条、第50条；《中华人民共和国城市房地产管理法》第34条、第59条；《中华人民共和国公路法》第61条；《中华人民共和国证券法》第17条、第149条；《中华人民共和国拍卖法》第28条；《中华人民共和国政府采购法》第42条；《国有资产评估管理办法》第3条；《社会救助暂行办法》第23条；《国有土地上房屋征收与补偿条例》第19条；《全民所有制工业企业转换经营机制条例》第15条；《中华人民共和国土地增值税暂行条例》第6条、第9条；《森林防火条例》第41条；《证券公司监督管理条例》第9条；《中华人民共和国民办教育促进法实施条例》第7条；《金融机构撤销条例》第19条、第20条；《矿产资源勘查区块登记管理办法》第13条；《矿产资源开采登记管理办法》第10条；《探矿权采矿权转让管理办法》第9条；《国务院关于股份有限公司境内上市外资股的规定》第11条；《中华人民共和国中外合作经营企业法实施细则》第18条；《股票发行与交易管理暂行条例》第12条；《全民所有制小型工业企业租赁经营暂行条例》第12条。

第二十九条 评估档案的保存期限不少于十五年，属于法定评估业务的，保存期限不少于三十年。

条文主旨

本条是关于评估档案保存期限的规定。

条文解读

评估档案是评估机构及其评估专业人员在评估活动过程中形成的具有保存价值的各种文字、图表、凭证、声像等不同形式的记录，包括开展评估业务中收集的有关权属证明文件、财务会计信息、现场调查记录，以及评估过程采用到的各种数据、工作底稿、评估报告底稿以及其他相关资料等。根据档案法及其实施办法的规定，评估档案也可以分为纸质档案、电子档案、其他介质档案三类。评估档案完整反映评估工作全部过程，是评估机构和评估专业人员明确评估目的、确定评估原则、选择评估方法、履行评估程序、开展相关工作等方面的真实记录，是进行综合分析、得出评估结论的重要依据。因此评估档案不仅是考查、检验评估工作的重要凭证和约束评估行为、界定责任的重要依据，也是评估机构和评估专业人员防范职业风险、应对评估纠纷和诉讼、维护自身合法权益的重要手段。做好评估档案工作对于加强评估行业监督管理，总结积累经验，提高评估水平具有重要意义。

对一些经济活动所形成的档案，我国单行法律和国家有关规定对其保存期限作了具体规定。例如证券法第 147 条规定："证券公司应当妥善保存客户开户资料、委托记录、交易记录和与内部管理、业务经营有关的各项资料。任何人不得隐匿、伪造、篡改或者毁损。上述资料的保存期限不得少于二十年。"第 162 条规定："证券登记结算机构应当妥善保存登记、存管和结算的原始凭证及有关文件和资料。其保存期限不得少于二十年。"保险法第 87 条规定："保险公司应当按照国务院保险监督管理机构的规定妥善保管业务经营活动的完整账簿、原始凭证和有关资料。前款规定的账簿、原始凭证和有关资料的保管期限，自保险合同终止之日起计算，保险期间在一年以下的不得少于五年，保险期间超过一年的不得少于十年。"商业银行法第 51 条规定："商业银行应当按照国家有关规定保存财务会计报表、业务合同以及其他资料。"《会计档案管理办法》第 14 条规定："会计档案的保管期限分为永久、定期两类。

定期保管期限一般分为十年和三十年。”《会计师事务所审计档案管理办法》第10条规定：“会计师事务所应当按照法律法规和执业准则的规定，结合审计业务性质和审计风险评估情况等因素合理确定审计档案的保管期限，最低不得少于十年。”另外，《企业文件材料归档范围和档案管理期限规定》将企业管理档案的保管期限统一为十年、三十年。

在本法施行前，有关评估档案的管理特别是保存期限并无统一规定，散见于国家有关规定和相关评估业务规范中。例如，住房和城乡建设部《房地产估价机构管理办法》第34条规定：“房地产估价机构应当妥善保管房地产估价报告及相关资料。房地产估价报告及相关资料的保管期限自估价报告出具之日起不得少于10年。保管期限届满而估价服务的行为尚未结束的，应当保管到估价服务的行为结束为止。”中国保险监督管理委员会《保险公估机构监管规定》第52条规定：“保险公估机构及其分支机构应当妥善保管业务档案、会计账簿、业务台账以及佣金收入的原始凭证等有关资料，保管期限自保险合同终止之日起计算，保险期间在1年以下的不得少于5年，保险期间超过1年的不得少于10年。”中国资产评估协会《资产评估准则——工作底稿》（中评协［2007］189号）第16条规定：“注册资产评估师应当在评估报告日后90日内，及时将工作底稿与评估报告等一起归入评估业务档案，并由所在评估机构按照国家有关档案管理的法律、法规及本准则的规定妥善管理。”第17条规定：“评估业务档案自评估报告日起至少保存十年。国家法律、法规另有规定的，从其规定。”

确定评估档案保存期限，要综合考虑评估行业特点、评估对象、评估档案价值、管理成本等因素。评估档案保存时间过短，将难以通过档案了解评估活动过程、查清评估依据，发挥档案应有的作用；保存时间过长，又会加大评估机构管理成本，造成不必要的负担。考虑到评估行业实际情况，本条区分不同评估业务类型规定不同的评估档案保存期限：

1. 属于一般评估业务的，评估档案的保存期限不少于十五年。评估是独立性、专业性、技术性、实践性很强的活动，为保证评估过程和结果的合法、科学、公正，必须保证评估档案的完整性、有效性，又要保持其持续性，因此必须保存一定的年限，以利于一旦发生争议，对评估报告的审核检验有足够的客观历史依据。同时，确定评估档案一定的保存期，也有利于对评估档案开发利用，提高评估业务水平。当然，一般的评估业务，是委托人自愿委托评估机构确定评估对象的价值，出具的评估报告具有咨询、参考的性质，对评估过程中形成的档案，不宜规定过长的保存期限，以免加重评估机构负担。为此本条规定，对一般的评估业务档案，保存期不少于十五年。

2. 属于法定评估业务的，评估档案保存期限不少于三十年。法定评估业务涉及国有资产、公共利益等事项，为保护国有资产安全，维护公共利益，防止在评估环节上国有资产流失、公共利益受损等情形发生，对法定评估业务必须要求更高，对评估过程中形成的档案规定更长的保存期限，一方面有利于通过法定评估业务档案，规范和约束评估行为，另一方面有利于发生争议时可以通过评估档案对评估活动的合法性、有效性进行审查，落实责任追究，增强评估机构及其评估专业人员的质量意识、责任意识，提高评估质量。因此本条规定属于法定评估业务的，评估档案保存期限不少于三十年。

值得注意的是，本条规定的评估档案保存期限均为最低期限，对于不同类型的评估档案保存期限，在本法施行后，可由国务院有关评估行政管理部门或者相关行业协会会同国家档案行政管理部门作出具体规定。

相关规定

《中华人民共和国档案法》；《中华人民共和国证券法》第 147 条、第 162 条；《中华人民共和国保险法》第 87 条；《中华人民共和国商业银行法》第 51 条；《会计档案管理办法》第 14 条；《会计师事务所审计档案管理办法》第 10 条；《企业文件归档和档案管理期限规定》；《房地产估价机构管理办法》第 34 条；《保险公估机构监管规定》第 52 条；《资产评估准则——工作底稿》（中评协［2007］189 号）第 16 条、第 17 条。

第三十条 委托人对评估报告有异议的，可以要求评估机构解释。

条文主旨

本条是关于评估报告异议的规定。

条文解读

委托人委托评估机构评估的目的在于确定评估对象的价值。由于评估活动涉及经济权益，因此委托人对评估程序的规范性、评估结论的合理性非常关注。评估报告是评估活动的集中反映，是评估机构及其评估专业人员根据特定目的，选择适当评估方法，依照相关程序，对评估对象价值进行综合分析、评定和估算，形成评估结论这一整个过程的具体体现。评估过程及评估报告具有很强的专业性、技术性、实践性。同一评估对象，基于不同评估目的、采取不同评估方法，得出的评估结论差异很大。委托人对评估报告有异议，可以是对评估主体、评估程序有异议，也可以是对评估依据、评估方法以及评估结论有异议。对此，评估公司和评估专业人员有义务从专业、技术的角度，从评估主体、评估程序、评估方法、评估依据等方面有针对性地进行解释，消除委托人的疑问。但是委托人异议并不影响评估报告的效力。本条仅规定委托人对评估报告有异议的可以要求评估机构解释，并未赋予其他利害关系人这一权利。实践中其他利害关系人认为评估活动违反独立、客观、公正原则，存在违法行为的，可以向相关评估行政管理部门或者评估行业协会投诉、举报。

第三十一条 委托人认为评估机构或者评估专业人员违法开展业务的，可以向有关评估行政管理部门或者行业协会投诉、举报，有关评估行政管理部门或者行业协会应当及时调查处理，并答复委托人。

条文主旨

本条是关于对违法开展评估业务投诉、举报的规定。

条文解读

评估作为一项专业服务活动，必须遵循独立、客观、公正原则。评估机构和评估专业人员必须依照法律、行政法规和评估准则开展评估业务。为保证评估活动依法进行，保护评估当事人合法权益，本法规定了评估机构、评估专业人员不得具有的禁止性行为，明确了设区的市级以上人民政府有关评估行政管理部门对相关评估行业负有监管职责，对评估机构和评估专业人员的违法行为依法实施行政处罚，规定了相关评估行业协会作为评估机构和评估专业人员的自律性组织，应当依照法律、行政法规和章程实行自律管理，受理对会员的投诉、举报，受理会员的申诉，调解会员执业纠纷。为保证上述规定落到实处，本条作了两方面的规定：

1. 委托人认为评估机构或者评估专业人员违法开展业务的，可以进行投诉、举报。例如委托人认为评估专业人员存在允许他人以本人名义从事业务或者冒用他人名义从事业务，签署本人未承办业务的评估报告等情形；评估机构受理与自身有利害关系的业务，分别接受利益冲突双方的委托对同一评估对象进行评估，或者出具虚假评估报告或者有重大遗漏的评估报告等，可以向有关评估行政管理部门或者行业协会投诉、举报。投诉一般针对的是委托人认为评估机构或者评估专业人员违法开展业务已经侵害了自身的合法权益。举报一般针对的是违法行为，要求依法予以查处，未必直接侵害委托人自身合法权益。本条规定的投诉人、举报人限于评估委托人，其他人认为评估机构或者评估专业人员违法开展业务的，可以通过其他法定途径举报。

2. 有关评估行政管理部门或行业协会接到委托人的投诉、举报后，应当及时受理，依照有关规定公正调查处理。经调查，投诉举报事项属实的，行业协会对评估活动中的纠纷可以依法进行调解并依照章程对评估机构或者评估专业人员予以惩戒，评估行政管理部门依法对评估违法行为予以查处，并及时答复委托人；投诉、举报事项不属实的，也要及时答复委托人。答复委托人，既可以书面答复，也可以口头答复。不及时进行调查处理，或者不及时答复委托人的，有关评估行政管理部门或者行业协会应当承担相应法律责任。

第三十二条 委托人或者评估报告使用人应当按照法律规定和评估报告载明的使用范围使用评估报告。

委托人或者评估报告使用人违反前款规定使用评估报告的，评估机构和评估专业人员不承担责任。

条文主旨

本条是关于评估报告使用的规定。

条文解读

评估报告经有关评估机构依法出具后，委托人、评估报告使用人可以根据所载明的评估目的和评估结论进行恰当、合理使用，例如作为资产转让的作价基础；作为企业进行会计记录或者调整账项的依据等。但是使用评估报告，应当符合法律规定和评估报告载明的使用范围。

根据我国法律规定，在国有资产转让过程中，通常将评估报告所确定的资产评估价格作为底价或最低成交价格。例如企业国有资产法第55条规定，国有资产转让应当以依法评估的、经履行出资人职责的机构认可或者由履行出资人职责的机构报经本级人民政府核准的价格为依据，合理确定最低转让价格；拍卖法第28条规定，拍卖国有资产，依照法律或者按照国务院规定需要评估的，应当经依法设立的评估机构评估，并根据评估结果确定拍卖标的的保留价；公路法第61条规定，国道等公路收费权的转让，必须进行资产评估，国道等公路收费权出让的最低成交价，以国有资产评估机构评估的价值为依据确定。委托人或者评估报告使用人应当按照上述法律规定使用评估报告。

评估机构基于委托开展评估业务。评估价值、评估结论受评估目的的影响。由于评估目的不同，在评估中所选择的评估方法甚至评估的程序等都有可能有差别，所得出的评估价值、评估结论也是不同的。为了保证评估活动的独立性、客观性、公正性，评估机构在与委托人签订业务约定书、估价委托合同等时，通常书面约定委托评估的目的、评估范围、评估基准日、评估报告使用范围、评估报告有效期限等。在评估报告中，评估报告的使用范围（评估报告限制使用）作为其中一个内容，通常明确下列事项：(1) 评估报告只能用于评估报告载明的评估目的和用途。(2) 评估报告只能由评估报告载明的评估报告使用者使用。(3) 除法律规定及相关当事方另有约定外，未征得出具评估报告的评估机构同意，评估报告的内容不得被摘抄、引用或披露于公开媒体。(4) 评估报告在有效使用期内有效，等等。委托人或者评估报告使用人按照评估报告载明的使用范围使用评估报告，是履行评估委托合同确定义务的具体表现。

根据本条第 2 款的规定，如果委托人或者评估报告使用人违反法律规定使用评估报告，或者不按照评估报告载明的使用范围使用评估报告，例如不按评估目的和用途使用或者超过有效期限使用评估报告等，所产生的不利后果评估机构和评估专业人员不承担责任。

相关规定

《中华人民共和国企业国有资产法》第 55 条；《中华人民共和国拍卖法》第 28 条；《中华人民共和国公路法》第 61 条。

第五章 行业协会

第三十三条 评估行业协会是评估机构和评估专业人员的自律性组织，依照法律、行政法规和章程实行自律管理。

评估行业按照专业领域设立全国性评估行业协会，根据需要设立地方性评估行业协会。

条文主旨

本条是关于评估行业协会的性质和设立的规定。

立法背景

《中共中央关于全面深化改革若干重大问题的决定》提出，重点培育和优先发展行业协会商会类、科技类、公益慈善类、城乡社区服务类社会组织。党的十八人以来，新一届党中央、国务院特别重视加快政府职能转变，进一步简政放权，深化行政审批制度改革，大幅减少行政审批事项。目前，国务院已经取消了资产评估、土地估价、矿业权评估、保险公估等评估从业人员的从业资格审批。按照“放管结合、放管并举”的原则，取消行政审批后，加强事中事后监管显得尤为重要，发挥相关行业协会作用、加强行业自律管理是加强监管的重要途径。

在立法过程中，有的意见提出，应当改变目前六个评估行业分别设立行业协会进行行业管理的状况，成立统一的协会，以便于统一政策，统一评估标准，加强对评估从业人员的统一管理；有的意见提出，按照专业领域分设行业协会有利于达成共识，减少立法阻力，是可行的。为了最大限度达成立法共识，寻找最大公约数，同时立足现实，保证立法能够落到实处，本法第 6 条规定，评估行业可以按照专业领域依法设立行业协会，实行自律管理；本条第 2 款规定，评估行业按照专业领域设立全国性评估行业协会，根据需要设立地方性评估行业协会。

条文解读

一、评估行业协会是会员自律性组织

从组织性质上看，评估行业协会是自律性组织。它既不是行政机关，不具有行政执法权，也不是事业单位，不由财政供养，而是由会员自愿成立的、自我约束、自我管理、自我教育、自我服务的自律性组织。从法人分类上看，评估行业协会是社团法人。《社会团体登记管理条例》第 3 条规定，社会团体应当具备法人条件。评估行业协会是社会团体，应当具备法人条件，属于社团法人。如《中国资产评估协会章程》第 1 条就规定，中国资产评估协会是资产评估行业的全国性自律管理组织，具有社团法人资格。

评估行业协会实行会员制。评估行业协会的会员分为单位会员和个人会员，包括评估机构和评估专业人员。其中，评估专业人员包括评估师和其他具有评估专业知识及实践经验的评估从业人员。

二、评估行业协会实行自律管理

评估行业协会对会员实行自律管理。本法第 6 条规定，评估行业可以按照专业领域依法设立行业协会，实行自律管理，接受有关评估行政管理部门的监督和社会监督。评估行业协会是评估行业管理体系的重要组成部分，与评估行政管理部门对评估行业实施行政监管不同，评估行业协会对评估机构和评估专业人员实施自律管理。一方面，维护评估机构和评估专业人员的合法权益，另一方面，规范评估机构和评估专业人员从事评估业务的行为，推动评估行业健康有序发展。

根据本法第 36 条规定，评估行业协会的自律管理具体包括以下方面：制定会员自律管理办法；依据评估基本准则制定评估执业准则和职业道德准则；组织开展会员继续教育；建立会员信用档案，将会员遵守法律、行政法规和评估准则的情况记入信用档案，并向社会公开；检查会员建立风险防范机制的情况；受理对会员的投诉、举报，受理会员的申诉，调解会员执业纠纷；规范会员从业行为，定期对会员出具的评估报告进行检查，按照章程规定对会员给予奖惩，并将奖惩情况及时报告有关评估行政管理部门；保障会员依法开展业务，维护会员合法权益，等等。

评估行业协会实行自律管理，应当依照法律、行政法规和章程实行，不能违反法律、行政法规和章程的规定。这里的“法律”主要是指本法。本法设专章对评估行业协会的性质、会员的权利义务、评估行业协会的职责、会费的收取等进行了规定，并赋予评估行政管理部门对评估行业协会实施监督检查的权力，还规定了评估行业协会违反本法规定的法律责任。“行政法规”主要是指《社会团体登记管理条例》。国务院于1998年10月25日发布了《社会团体登记管理条例》，自发布之日起施行，并于2016年2月根据《国务院关于修改部分行政法规的决定》进行了修改。条例对社会团体成立、变更、注销登记和监督管理等进行了规定，并明确规定，社会团体必须遵守宪法、法律、法规和国家政策，不得反对宪法确定的基本原则，不得危害国家的统一、安全和民族的团结，不得损害国家利益、社会公共利益以及其他组织和公民的合法权益，不得违背社会道德风尚；不得从事营利性经营活动。“章程”是评估行业协会成立的法定条件，是会员共同意志的体现，是评估行业协会内部管理和活动的根本准则，评估行业协会应当依照其章程开展活动。

三、评估行业协会的设立

评估行业协会按照评估专业领域设立。本法第6条规定，评估行业可以按照专业领域依法设立行业协会。不同专业领域的评估行业，可以设立不同的评估行业协会。目前，评估行业按照专业领域，分为资产评估行业、房地产估价行业、土地估价行业、矿业权评估行业、旧机动车鉴定评估行业、保险公估行业等六大类，与之相对应，分别设立了相应的行业协会。

行业协会分为全国性评估行业协会和地方性评估行业协会。全国性评估行业协会是由全国的某一专业领域的评估机构和评估专业人员自愿成立的自律性组织。全国性评估行业协会按照专业领域设立。目前，评估行业每一专业领域都设立了全国性行业协会，分别为中国资产评估协会、中国房地产估价师与房地产经纪人学会、中国土地估价师协会、中国矿业权评估师协会、中国汽车流通协会、中国保险行业协会。其中，中国保险行业协会是保险业的全国性行业组织，保险公估机构可以自愿加入。经中国保监会批准，目前正在积极筹备成立全国性的保险中介行业协会。

地方性评估行业协会是由一定区域的某一专业领域的评估机构和评估专业人员自愿成立的自律性组织。地方性评估行业协会根据需要设立。不同区域经济发展水平不同，评估市场的大小和成熟程度不同，各专业领域的评估机构和评估专业人员数量不同，因此，对地方性评估行业协会的设立不能一刀切，而应从实际出发，需要设立的就设立，不需要设立的就不设立。目前，各省、自治区、直辖市都成立了资产评估、房地产估价、土地估价、二手车鉴定评估的省级行业协会，北京、广东、湖北、河南等12个省、直辖市设立了省级保险中介行业协会，内设保险公估委员会。由于矿业权评估师人数较少，没有设立省级矿业权评估师协会。据不完全统计，厦门、大连、深圳、宁波4个计划单列市设立了市级资产评估协会，全国有60多个城市设立了房地产估价行业组织，深圳等市设立了地方性土地估价师协会，有些地方的土地估价行业与房地产估价行业合并设立不动产估价师协会。

相关规定

《中华人民共和国资产评估法》第6条、第36条；《社会团体登记管理条例》第3条、第4条。

第三十四条　评估行业协会的章程由会员代表大会制定，报登记管理机关核准，并报有关评估行政管理部门备案。

条文主旨

本条是关于章程的制定、核准和备案的规定。

立法背景

章程是评估行业协会为了调整其内部关系，规范内部成员的行为而制定的行为规则，是设立评估行业协会的法定必备文件，是评估行业协会民主决策与自律管理的根本准则，对评估行业协会作用的发挥具有重要意义。正是基于章程对评估行业协会的重要性，本条对评估行业协会章程的制定、审核、备案作了规定。

条文解读

一、章程的制定

评估行业协会的章程应当由会员代表大会制定。评估行业协会的发起人应当起草章程草案，将章程草案提请会员代表大会通过。会员代表大会是评估行业协会的最高权力机构，决定评估行业协会的重大事项。章程是评估行业协会内部管理和活动的根本准则，属于评估行业协会的重大事项，应当由会员代表大会通过，以体现会员的意志，保证章程的权威性。如中国资产评估协会章程规定，全国会员代表大会的职权包括制定、修改本会章程。

二、章程的核准

评估行业协会章程应当报登记管理机关核准。核准，就是审核后批准。全国性评估行业协会的章程，应当报国务院登记管理机关即民政部核准；地方性评估行业协会的章程，应当报当地人民政府登记管理机关即当地民政部门核准。

登记管理机关应当对协会章程的内容进行全面审核。根据《社会团体登记管理条例》第 14 条的规定，评估行业协会的章程应当包括下列事项：（一）名称、住所；（二）宗旨、业务范围和活动地域；（三）会员资格及其权利、义务；（四）民主的组织管理制度，执行机构的产生程序；（五）负责人的条件和产生、罢免的程序；（六）资产管理和使用的原则；（七）章程的修改程序；（八）终止程序和终止后资产的处理；（九）应当由章程规定的其他事项。

章程由登记管理机关核准，是评估行业协会获准登记的条件之一。《社会团体登记管理条例》第 13 条规定，有根据证明申请登记的社会团体的宗旨、业务范围不符合本条例第 4 条规定的，不予登记。第 4 条规定，社会团体必须遵守宪法、法律、法规和国家政策，不得反对宪法确定的基本原则，不得危害国家的统一、安全和民族的团结，不得损害国家利益、社会公共利益以及其他组织和公民的合法权益，不得违背社会道德风尚；社会团体不得从事营利性经营活动。《社会团体登记管理条例》第 18 条还规定，社会团体修改章程，应当自业务主管单位审查同意之日起 30 日内，报登记管理机关核准。

三、章程的备案

评估行业协会的章程应当报有关评估行政管理部门备案。备案，通俗来说，就是把情况用书面形式报告给主管部门，供存档备查。目前，评估行业的六个专业领域分别由五个行政部门管理，相应地，六个专业领域的行业协会章程也应当分别报五个行政部门备案。具体而言，资产评估行业协会的章程应当报财政部门备案，房地产估价行业协会应当报住房和城乡建设部门备案，土地估价行业协会、矿业权评估行业协会的章程应当报国土资源部门备案，二手车鉴定评估行业协会的章程应当报商务部门备案，保险公估行业协会的章程应当报保险监督管理部门备案。

民政部门是评估行业协会的登记管理机关，对评估行业协会履行监督管理职责，包括成立、变更、注销的登记，实施年度检查，对协会违反《社会团体登记管理条例》的问题进行监督检查、给予行政处罚等。因此，本条赋予民政部门对评估行业协会章程的核准权，由其对评估行业协会章程的内容进行审查。有关评估行政管理部门是评估行业的业务主管单位，对评估行业协会的自律管理依法实施监督检查，而协会开展自律管理的根据之一就是章程，因此，有必要要求评估行业协会将章程报有关评估行政管理部门备案。

相关规定

《社会团体登记管理条例》第 4 条、第 13 条、第 14 条、第 18 条。

第三十五条 评估机构、评估专业人员加入有关评估行业协会，平等享有章程规定的权利，履行章程规定的义务。有关评估行业协会公布加入本协会的评估机构、评估专业人员名单。

条文主旨

本条是关于会员权利义务的规定。

立法背景

目前，对于评估机构和评估专业人员是否一定要加入评估行业协会，评估行业各专业领域做法不一。资产评估行业要求评估机构和评估师都应当加入协会，其他专业领域如房地产估价、土地估价等没有强制要求，由评估机构和估价师自主决定是否加入协会。在立法过程中，对评估机构和评估专业人员是否都需要加入评估行业协会，自愿加入还是强制加入等问题存在不同看法。有的意见提出，评估机构和评估专业人员都应当加入评估行业协会；有的意见提出，只要求评估机构或者评估专业人员应当加入评估行业协会就够了；也有意见提出，评估机构、评估专业人员是否加入评估行业协会，应当由其自主决定，法律不宜强制要求加入。而且，加入评估行业协会可以提高评估机构和评估专业人员的水平和知名度，更让委托人放心，有利于其更好地承接和开展评估业务。现实中，评估机构、评估专业人员一般都会自愿加入评估行业协会，不需法律再作强制要求。综合考虑各方面的意见和评估行业的现状，本条没有要求评估机构、评估专业人员应当加入评估行业协会。

条文解读

一、评估机构、评估专业人员自愿加入评估行业协会

根据本条规定，法律没有强制要求评估机构、评估专业人员应当加入评估行业协会，是否加入，由评估机构、评估专业人员自主决定。从目前的实践看，评估机构和评估专业人员一般都主动加入评估行业协会，不加入的很少。

虽然法律没有强制要求评估机构、评估专业人员应当加入评估行业协会，但是，评估行业协会是评估行业监督管理体系的重要组成部分，是评估机构和评估专业人员的自律性组织，评估机构、评估专业人员应当积极加入评估行业协会。评估机构、评估专业人员加入评估行业协会，一方面，接受协会的监督，规范自己的从业行为，有利于提高信誉，提高行业影响力和知名度，从而获得更多委托人的信任，承接更多的评估业务，获得更大的经济效益和社会效益；另一方面，评估行业协会是自我教育、自我服务的组织，能为会员提供帮助和服务，如组织开展会员继续教育，帮助会员提高专业能力，保障会员依法开展业务，维护会员合法权益等，评估机构、评估专业人员加入评估行业协会能够享受一系列服务，便于更好地开展业务。

在鼓励评估机构、评估专业人员积极加入评估行业协会的同时，评估行业协会应当积极接纳评估机构、评估专业人员入会，不得设置不合理的门槛。

值得注意的是，评估机构、评估专业人员加入的应当是相关评估行业协会。评估机构、评估专业人员加入的评估行业协会应当与其从事的评估业务的专业领域相同，如从事土地估价业务的评估机构、评估专业人员加入的应当是土地估价师协会，而不应加入矿业权评估师协会等其他协会。

二、协会会员的权利义务

评估机构、评估专业人员加入有关评估行业协会后，平等享有章程规定的权利，履行章程规定的义务。根据本法第 8 条的规定，评估专业人员包括评估师和其他具有评估专业知识及实践经验的评估从业人员。

根据本条规定，在评估行业协会内部，首先，评估机构之间的权利义务是平等的；其次，评估师之间的权利义务是平等的；再次，其他评估专业人员之间的权利义务是平等的；最后，评估师与其他评估专业人员之间的权利义务是平等的。

评估行业协会会员的权利义务由章程规定。一般而言，会员享有下列权利：选举权、被选举权；要求协会维护其从事业务的合法权益；通过协会向政府及其有关部门反映行业意见和建议；参加协会举办的学习和专业培训；参加协会组织的有关专业研究和经验交流活动；优先获得协会的资料、书刊及行业网络信息资源；被提名为专门委员会、专业委员会的委员候选人；对协会工作的监督、建议权；对协会给予的自律惩戒有陈述权和申诉权；按规定退会的权利等。会员应当履行下列义务：遵守协会章程；遵守执业准则和职业道德准则；执行协会的决议和制度；接受协会的监督和管理；维护会员的团结、行业的信誉和协会的声誉；按规定交纳会费；按规定接受继续教育；承担或者协助完成协会委托的任务等。

三、协会公布本协会会员的义务

在立法过程中，有的意见提出，评估行业协会应当将协会会员名单向社会公布，接受社会监督。因此，本条规定了评估行业协会公布协会会员的义务。评估行业协会公布加入本协会的评估机构、评估专业人员名单，一方面，有利于社会公众对评估机构、评估专业人员从事评估业务行为和评估行业协会履行职责情况的监督，如便于利益受损的委托人或其他相关当事人向评估行业协会投诉会员的违法违规行为，便于社会公众向评估行业协会举报会员的违法违规行为，便于社会公众监督评估行业协会对会员违法违规行为的惩戒等；另一方面，有利于需要确定评估对象价值的自然人、法人或者其他组织选择评估机构、评估专业人员。

本条虽然只规定评估行业协会应当公布协会会员的名单，没有规定公布的方式，但评估行业协会应当以方便公众知悉和查阅的方式进行公布，如在其网站上公布等。评估行业协会还应当对其公布的会员名单实时更新，以确保名单准确全面。

相关规定

《中华人民共和国资产评估法》第8条。

第三十六条 评估行业协会履行下列职责：

（一）制定会员自律管理办法，对会员实行自律管理；

（二）依据评估基本准则制定评估执业准则和职业道德准则；

（三）组织开展会员继续教育；

（四）建立会员信用档案，将会员遵守法律、行政法规和评估准则的情况记入信用档案，并向社会公开；

（五）检查会员建立风险防范机制的情况；

（六）受理对会员的投诉、举报，受理会员的申诉，调解会员执业纠纷；

（七）规范会员从业行为，定期对会员出具的评估报告进行检查，按照章程规定对会员给予奖惩，并将奖惩情况及时报告有关评估行政管理部门；

（八）保障会员依法开展业务，维护会员合法权益；

（九）法律、行政法规和章程规定的其他职责。

条文主旨

本条是关于评估行业协会职责的规定。

立法背景

《中共中央关于全面深化改革若干重大问题的决定》提出，正确处理政府和社会关系，加快实施政社分开，推进社会组织明确权责、依法自治、发挥作用。适合由社会组织提供的公共服务和解决的事项，交由社会组织承担。为适应行政审批制度改革的需要，进一步转变政府职能，充分发挥行业组织自律管理的作用，加强对评估行业的规范和管理，本条明确了评估行业协会的职责。

条文解读

评估行业协会是评估机构和评估专业人员的自律性组织，依照法律、行政法规和章程实行自律管理。为更好地明确评估行业协会的权责，发挥其自律作用，本条规定了评估行业协会的九项职责：

一是制定会员自律管理办法。评估行业协会开展自律管理，需要有章可循。评估行业协会为了加强自律管理，在法律、行政法规和章程的基础上，有必要制定更具针对性、可操作性的会员自律管理办法，为自律管理提供依据。会员应当自觉遵守会员自律管理办法，否则，评估行业协会有权依据章程和会员自律管理办法对其予以惩戒。

二是制定评估执业准则和职业道德准则。评估准则包括评估基本准则、评估执业准则、职业道德准则。评估基本准则由国务院有关评估行政管理部门组织制定，评估执业准则和职业道德准则由评估行业协会依据评估基本准则制定。评估执业准则是评估机构和评估专业人员从事评估业务过程中普遍遵循的执业技术规范，职业道德准则是评估机构和评估专业人员从事评估业务过程中普遍遵循的道德规范。

三是组织开展继续教育。本法第 13 条规定，评估专业人员应当完成规定的继续教育，保持和提高专业能力。评估行业协会作为自律性组织，应当组织会员开展继续教育，为会员完成继续教育提供条件和服务。

四是建立信用档案。党的十八届四中全会决定提出，加强社会诚信建设，健全公民和组织守法信用记录，完善守法诚信褒奖机制和违法失信行为惩戒机制，使尊法守法成为全体人民共同追求和自觉行动。评估行业协会建立会员信用档案，将会员遵守法律、行政法规和评估准则的情况记入信用档案，并向社会公开，一方面，可以让委托人了解评估机构和评估专业人员的执业水平和道德水准，为委托人选择业务水平高、职业道德好、诚实守信的评估机构和评估专业人员提供条件；另一方面，也可以约束评估机构和评估专业人员从事评估业务的行为，倒逼其严守法律、行政法规和评估准则，树立良好形象，否则就会影响其信誉，影响其业务。

五是检查风险防范机制。本法第21条规定，评估机构根据业务需要建立职业风险基金，或者自愿办理职业责任保险，完善风险防范机制。评估业务具有很强的专业性，评估机构由于故意或者过失，出具虚假评估报告或者有重大遗漏的评估报告，可能给委托人或者其他相关当事人造成重大损失。评估机构主要依靠专业知识提供服务，承担风险的能力有限。建立职业风险基金或者办理职业责任保险，既增强评估机构自身的赔偿能力、抗风险能力，又可为利益受损的委托人或者其他相关当事人获得赔偿提供保障。因此，评估机构建立风险防范机制很有必要。为防范风险，保护相关当事人的合法权益，促进评估行业健康发展，评估行业协会应当对评估机构风险防范机制的建立情况进行检查，发现问题的，及时督促改正，并依据会员自律管理办法等规定进行处理。

六是受理投诉、举报、申诉，调解纠纷。对评估机构和评估专业人员违反法律、行政法规和评估准则的行为，委托人或者其他相关当事人可以向评估行业协会投诉，其他人可以向评估行业协会举报。对于受到的投诉、举报，评估行业协会应当及时调查处理。会员对评估行业协会的惩戒处理不服的，可以向评估行业协会申诉，评估行业协会应当及时受理。对于会员因为从事评估业务而相互之间发生的纠纷、与委托人或者其他相关当事人之间的纠纷，评估行业协会可以进行调解。

七是规范会员从业行为。本法第 13 条规定了评估专业人员在评估活动中应当履行的义务；第 14 条规定了评估专业人员在评估活动中的禁止行为；第 17 条规定，评估机构应当依法独立、客观、公正开展业务，建立健全质量控制制度，保证评估报告的客观、真实、合理；第 20 条规定了评估机构的禁止行为。评估机构和评估专业人员从事评估业务，应当遵守本法的这些规定和其他法律、行政法规的相关规定，遵守评估准则，评估行业协会对会员从事评估业务的行为应当进行监督。评估行业协会应当定期对评估机构及其评估专业人员出具的评估报告，从客观、真实、合理等方面进行检查，发现有违反法律、行政法规和评估准则情况的，如存在虚假或者重大遗漏的，应当进行处理。评估行业协会自律管理的重要内容就是对会员进行奖惩，通过奖优罚劣，促进评估行业的健康发展。评估行业协会应当将对会员的奖惩情况及时报告有关评估行政管理部门。

八是维护会员合法权益。评估机构和评估专业人员在从事评估业务的过程中，可能会遇到来自各方面的干扰，如委托人要求出具虚假评估报告、非法干预评估结果，评估行政管理部门对评估机构依法开展业务进行不合理限制等，单凭评估机构、评估专业人员的个体力量，难以排除干扰、维护自身的合法权益。评估行业协会作为会员自我管理、自我服务的组织，应当为会员依法开展业务保驾护航，采取各种措施维护会员的合法权益。

九是其他职责。除前述八项职责外，评估行业协会还应当履行法律、行政法规和章程规定的其他职责。如本法第9条规定，有关全国性评估行业协会按照国家规定组织实施评估师资格全国统一考试。第10条规定，有关全国性评估行业协会应当在其网站上公布评估师名单，并实时更新。第35条规定，有关评估行业协会公布加入本协会的评估机构、评估专业人员名单。又如，中国资产评估协会章程规定，协会代表行业开展对外交流、国际交往，参与行业有关的法律、法规、规章和规范性文件的研究、起草工作，推动行业文化建设，组织行业党建工作等。

相关规定

《中华人民共和国资产评估法》第9条、第10条、第13条、第14条、第17条、第20条、第21条、第35条。

第三十七条 有关评估行业协会应当建立沟通协作和信息共享机制，根据需要制定共同的行为规范，促进评估行业健康有序发展。

条文主旨

本条是关于协会建立沟通协作和信息共享机制以及制定共同行为规范的规定。

立法背景

目前，评估行业按照专业领域分别设立行业协会，各评估行业协会对会员实行自律管理。在立法过程中，有的意见提出，应当改变目前六个评估行业分别设立行业协会的状况，成立统一的或者综合性的协会，以便于统一政策，统一评估标准，加强对评估从业人员的统一管理。考虑到不同的评估专业领域因其评估对象的不同而各有其特殊性，又都是从事评估业务，具有一定的共性，在当前成立统一的或者综合性的评估行业协会意见还不统一的情况下，可以通过不同评估行业协会之间加强沟通、信息共享、制定共同的行为规范等途径，促进评估行业健康有序发展。因此，本条规定，在不同的评估行业协会之间应当建立沟通协作和信息共享机制，根据需要制定共同的行为规范。

条文解读

一、建立沟通协作和信息共享机制

本法第6条规定，评估行业可以按照专业领域依法设立行业协会。不同专业领域的评估机构和评估专业人员，可以设立不同的行业协会。目前，评估行业按照专业领域，分为资产评估、房地产估价、土地估价、矿业权评估、旧机动车鉴定评估、保险公估六大类，与之相对应，分别设立了相应的行业协会。这种按照专业领域分别设立评估行业协会的模式，既体现了不同评估行业专业领域的专业性，又照顾了现实，容易为行业接受；同时，评估行业也存在一些共性，如评估机构及其专业人员在从事评估业务过程中享有的权利、履行的义务，禁止实施的行为，评估程序，评估行业协会的职责等，都是共同的。为了促进整个评估行业的有序健康发展，建立评估行业协会之间的沟通协作和信息共享机制很有必要。

相关评估行业协会之间可以就很多事项建立沟通协作和信息共享机制。例如，本法第 9 条规定，有关全国性评估行业协会按照国家规定组织实施评估师资格全国统一考试。相关的评估行业协会可以就考试科目的设置、考试内容的确定、考试的组织安排等进行沟通，甚至可以设置考试公共科目，或者某些考试科目成绩互认等。又如，本法第 36 条规定，评估行业协会应当建立会员信用档案，将会员遵守法律、行政法规和评估准则的情况记入信用档案，并向社会公开。相关评估行业协会可以建立统一的信用记录平台和数据库，共享信用档案数据等。评估行业协会还可以在保障会员依法开展业务，维护会员合法权益等方面加强沟通协作，统一意见，共同发声，共同营造良好的从业环境等。

二、制定共同的行为规范

如前所述，不同评估行业专业领域具有一些共性，如评估机构及其专业人员在从事评估业务过程中应当履行的义务、应当遵守的职业道德、禁止从事的行为等。对于这些共性的要求，评估行业协会可以根据需要制定共同的行为规范，对评估机构及其评估专业人员从事评估业务进行统一要求。

有关评估行业协会可以在很多方面制定共同的行为规范。例如，本法第36条规定，评估行业协会应当制定会员自律管理办法，依据评估基本准则制定职业道德准则。有关评估行业协会根据需要，可以制定共同的会员自律管理办法和职业道德准则。又如，本法第36条规定，评估行业协会受理对会员的投诉、举报，受理会员的申诉，调解会员执业纠纷。有关评估行业协会根据需要，可以制定共同的投诉、举报、申诉、纠纷调解处理程序和办法。再如，本法第36条规定，评估行业协会定期对会员出具的评估报告进行检查。有关评估行业协会根据需要，可以制定共同的评估报告检查办法。还如，本法第38条规定了评估行业协会会员会费的收取和使用。有关评估行业协会根据需要，可以制定共同的会员会费收取和使用管理办法。有关评估行业协会根据需要，还可以制定档案管理办法、奖惩办法、职业风险防范办法等。

相关规定

《中华人民共和国资产评估法》第6条、第9条、第36条、第38条。

第三十八条 评估行业协会收取会员会费的标准，由会员代表大会通过，并向社会公开。不得以会员交纳会费数额作为其在行业协会中担任职务的条件。

会费的收取、使用接受会员代表大会和有关部门的监督，任何组织或者个人不得侵占、私分和挪用。

条文主旨

本条是关于会费的收取和使用的规定。

立法背景

在立法过程中，有的意见提出，当前，评估行业协会的会费收取和使用存在一些乱象，如会费标准的确定不民主，会费的数额不合理，有些协会以会员交纳会费的数额多少作为在协会中担任职务的条件，变相买卖职务，会费的使用不规范、不透明等，应当予以规范。为了规范会费的收取和使用，维护会员的合法权益，本条对评估行业协会会费的收取和使用进行了规定。

条文解读

一、会费的标准

根据《社会团体登记管理条例》第 4 条的规定，评估行业协会不能从事营利性活动，因此，会员交纳的会费成为评估行业协会经费的重要来源甚至唯一来源，是协会正常开展活动的经济基础。各评估行业协会章程往往将按时足额交纳会费规定为会员的义务甚至是成为会员的条件，对不交纳会费的会员要进行惩戒。同时，会员交纳会费的多少，直接涉及会员的切身利益。因此，需要科学合理地确定会费标准，以既保证评估行业协会能够正常地开展活动，又不给会员带来过重的负担。

评估行业协会收取会员会费的标准，由会员代表大会通过。会员代表大会是评估行业协会的最高权力机构，评估行业协会的重大事项都应由其决定，以体现全体会员的意志，维护全体会员的利益。会员交纳会费的多少，直接涉及会员的经济利益，协会收取会费的数额过大，会给会员带来较重的经济负担，也会使有些评估机构和评估专业人员因不愿交纳会费而不加入协会，从而影响协会的发展。因此，会费标准属于评估行业协会的重大事项，应当由会员代表大会来决定。实践中，评估行业协会往往由会员代表大会制定专门的会费管理办法，确定收取会员会费的标准。

评估行业协会收取会员会费的标准，应当向社会公开。将会费标准向社会公开，一方面，方便评估机构和评估专业人员知悉标准，便于其决定是否加入协会；另一方面，公开是最好的监督，便于社会公众对会费收取是否合理进行监督，也便于有关主管部门的监督。

评估行业协会不得以会员交纳会费的数额多少作为在协会中担任职务的条件。本法第35条规定，评估机构、评估专业人员加入有关评估行业协会，平等享有章程规定的权利，履行章程规定的义务。评估行业协会会员之间的权利义务是平等的，不应给不同会员增加更多的义务影响权利的平等性。另一方面，会员在协会中担任职务的条件，应当是会员的业务水平、业务规模、行业影响力、职业操守等与业务有关的因素，不应是交纳会费数额的多少，否则就成了变相买卖职务，势必影响协会职能的发挥，影响行业的健康有序发展。

二、会费的收取、使用应当接受监督

评估行业协会收取会费，应当按照会员代表大会通过的会费标准收取，不能随意多收或者少收。评估行业协会应当依照法律、行政法规和协会章程、会员代表大会通过的会费使用管理办法等使用会费。如《社会团体登记管理条例》第14条规定，协会章程包括资产管理和使用的原则、终止后资产的处理，会费的使用应当符合章程规定的资产管理和使用原则及终止后资产的处理要求。该条例第26条规定，社会团体的经费，必须用于章程规定的业务活动，不得在会员中分配。评估行业协会还往往在会员代表大会通过的会费管理办法中对会费的支出范围进行明确，会费的使用应当符合会费管理办法中会费的支出范围。如《中国资产评估协会会费管理办法》规定，会费的开支范围包括：会员代表大会、理事会、常务理事会、会长办公会等的各项支出；中评协秘书处、专业分会及派出机构的各项支出；资产评估准则和执业规范制定、相关研究和业务支持的支出；自律监管、检查及惩戒的支出；考试和资格管理的支出；开展行业国内、国际交流的支出；开展行业信息、网络建设的支出；行业宣传的支出；专门委员会、专业委员会开展活动的支出；维护会员执业合法权益的支出；为会员提供服务、行业刊物、学习资料和培训的支出；会员奖励支出；协调行业内外关系的支出；经常务理事会批准的其他必要支出。

会费的收取、使用应当接受会员代表大会的监督。会员代表大会是评估行业协会的最高权力机构，有权对会费的收取、使用进行监督。如中国资产评估协会会费管理办法规定，会费收支情况接受会员代表大会的审查。

会费的收取、使用应当接受有关部门的监督。这里的“有关部门”是指协会的登记管理机关即民政部门和负责有关财务、审计的部门等。

三、不得侵占、私分和挪用会费

任何组织、个人不得侵占、私分和挪用会费。任何组织包括了行政机关如评估行政管理部门、登记管理机关等，评估行业协会及其内部的专门委员会、专业委员会、分支机构等，以及其他组织。任何个人包括评估行政管理部门、登记管理机关的工作人员，评估行业协会的工作人员以及其他个人。侵占是指非法占有，私分是指私自分配，挪用是指改变用途。

《社会团体登记管理条例》第26条规定，社会团体的资产来源必须合法，任何单位和个人不得侵占、私分或者挪用社会团体的资产；社会团体的经费，不得在会员中分配。社会团体专职工作人员的工资和保险福利待遇，参照国家对事业单位的有关规定执行。评估行业协会的会费，应当依照法律、行政法规和协会章程、会员代表大会通过的会费使用管理办法等使用，任何组织、个人不能非法占为己有，不能私自分配，不能改变用途、挪作他用。

相关规定

《中华人民共和国资产评估法》第35条；《社会团体登记管理条例》第4条、第14条、第26条、第27条、第28条。

第六章 监督管理

第三十九条 国务院有关评估行政管理部门组织制定评估基本准则和评估行业监督管理办法。

条文主旨

本条是关于国务院有关评估行政管理部门组织制定评估基本准则和评估行业监督管理办法的规定。

立法背景

在法律制定过程中，草案曾就理顺资产评估行政管理体制进行尝试，规定建立由财政部门牵头的评估行业管理协调配合机制。在二审后对管理体制作了调整，尽管建立评估行业管理协调配合机制有利于解决多头管理的问题，但鉴于目前各部门意见分歧较大，同时考虑各评估专业类别虽同属评估行业，但各有自身专业特点，为最大程度取得共识，暂不改变目前分别管理的体制，删去了建立评估行业管理协调配合机制的规定。据此，草案对国务院有关评估行政管理部门职权也作了相应调整，将国务院财政部门会同有关部门组织制定评估机构等管理办法的规定修改为由各部门分别制定。

条文解读

一、关于“国务院有关评估行政管理部门”

目前，我国已经形成了包括企业价值等资产评估、房地产估价、土地估价、矿业权评估、旧机动车鉴定估价和保险公估在内的六大类评估专业，分别由财政部、住房和城乡建设部、国土资源部、商务部和保监会等五个部门管理。本法第7条规定：“国务院有关评估行政管理部门按照各自职责分工，对评估行业进行监督管理。”因此，本条中“国务院有关评估行政管理部门”目前主要是指财政部、住房和城乡建设部、国土资源部、商务部和保监会等部门。上述国务院部门依照本法规定，可以分别制定相关资产评估领域中的评估基本准则和评估行业监督管理办法。

二、制定评估基本准则和评估行业监督管理办法是监督管理的重要内容

国务院有关评估行政管理部门作为资产评估行业的行政主管部门，按照职责分工，分别履行相关评估领域的监督管理职能。国务院有关评估行政管理部门的管理职能主要是宏观层面的，通过制定评估基本准则、评估行业监督管理办法等，建立并完善资产评估各项规章制度，保障资产评估行业健康发展。同时，国务院有关评估行政管理部门也有一些具体监督管理职权，根据本法第40条的规定，依据职责分工，行使监督管理和处罚权。

制定评估基本准则和评估行业监督管理办法是国务院有关资产评估行政管理部门的重要职能。评估准则是开展评估活动的行为规范。评估准则是一个体系，包括评估基本准则和依据评估基本准则制定的评估执业准则和职业道德准则。评估基本准则在整个资产评估准则体系中占有重要地位，是开展资产评估业务的基本规范，具有原则性、通用性特点。以财政部门主管的资产评估为例，资产评估基本准则由财政部制定，包括《资产评估职业道德准则—基本准则》《资产评估准则—基本准则》，分别对资产评估专业人员职业道德、评估程序、评估方法运用、评估假设、评估信息披露等进行规范。国务院有关评估行政管理部门可以根据职责分工，对相关领域的评估规定监督管理办法，依法对评估机构、评估从业人员、评估行业协会遵守法律法规、资产评估基本准则等情形等开展监督管理。

相关规定

《中华人民共和国资产评估法》第7条、第40条。

第四十条 设区的市级以上人民政府有关评估行政管理部门依据各自职责，负责监督管理评估行业，对评估机构和评估专业人员的违法行为依法实施行政处罚，将处罚情况及时通报有关评估行业协会，并依法向社会公开。

条文主旨

本条是关于设区的市级以上有关评估行政管理部门负责监督管理评估行业的规定。

立法背景

关于评估行政管理的部门层级，草案曾规定："省、自治区、直辖市人民政府资产评估行业管理部门在本辖区履行相关监督管理职责。"在三审后，有关方面建议扩大执法主体和适当降低执法层级，提出我国评估行业发展很快，现有评估师 13 万余人、评估从业人员 60 余万人，评估机构 14000 余家，仅靠省级以上政府有关评估行政管理部门进行监管是不够的，实践中有的地方已将房地产评估、旧机动车评估等的监督管理权下放到地市级，符合简政放权改革精神。根据这一意见，对上述草案规定作了修改，增加了赋予设区的市级人民政府有关评估行政管理部门监督管理权。

条文解读

一、监督管理主体

目前，评估领域中行使监督管理权的行政机关共有五类三级，具体包括：一是从横向看，根据现行评估监督管理体制，主要有五个政府部门按照职责分工，分领域行使监督管理权，资产评估由财政部门监督管理，房地产估价由住房和城乡建设部门监督管理，土地估价和矿业权评估由国土资源部门监督管理，旧机动车鉴定估价由商务部门监督管理，保险公估由保监会监督管理。二是从纵向看，设区的市级以上人民政府有关评估管理部门行使监督管理权，也就是说国务院、省、设区的市三级人民政府相关评估管理部门行使监督管理权。

二、监督管理权限

监督管理权限包括监督权和管理权两部分。管理权侧重于行政管理，通过制定规章制度和行业发展规划，加强行业扶持力度，促进本行业的健康、有序发展。监督权侧重于事后监管，对评估机构、评估专业人员、评估行业协会遵守法律法规情况进行监督检查，发现违法行为依法予以查处。本法对评估行政管理部门的监督管理权作了较为全面的规定，在法律责任一章中明确规定了相关处罚和管理措施：一是，评估专业人员有私自接受委托从事业务、收取费用；同时在两个以上评估机构从事业务；采用欺骗、利诱、胁迫或者贬损、诋毁其他评估专业人员等不正当手段招揽业务；允许他人以本人名义从事业务，或者冒用他人名义从事义务；签署本人未承办业务的评估报告；索要、收受或者变相索要、收受合同约定以外的酬金、财物或者谋取其他不正当利益；签署虚假评估报告或者有重大遗漏的评估报告等行为的，评估行政管理部门可以处以警告、责令停业、没收违法所得等行政处罚。二是，评估机构有未经工商登记以评估机构名义从事评估业务；利用开展业务之便，谋取不正当利益；允许其他机构以本机构名义开展业务，或者冒用其他机构名义开展业务；以恶性压价、支付回扣、虚假宣传或者贬损、诋毁其他评估机构等不正当手段招揽业务；受理与自身有利害关系的业务；分别接受利益冲突双方的委托，对同一评估对象进行评估；未按本法规定的期限保存评估档案；聘用或者指定不符合本法规定的人员从事评估业务；对本机构的评估专业人员疏于管理，造成不良后果；未依法备案或者不符合设立条件；出具虚假评估报告或者有重大遗漏的评估报告等行为的，评估行政管理部门可以采取责令停止违法活动、责令改正、警告、罚款、没收违法所得、责令停业等措施，构成犯罪的依法追究刑事责任。三是，评估行业协会有违反资产评估法规定的，由评估行政管理部门给予警告、责令改正，拒不改正的，可以通报登记管理机关，由其依法给予处罚。

评估监督管理权是由不同行政管理部门按照职责分工分领域分别行使。在同一评估监督管理领域中，不同层级的行政管理部门之间的职责分工可由本法的下位法作出具体规定，但应遵循效率、公正、执法力量下沉等原则。

三、监督管理权与行业自律管理的衔接

评估领域有其鲜明特征，主要依靠评估专业人员提供专业服务，具有人合性、专业性等特点。在总结实践经验基础上，评估领域中形成了行政监督管理与行业自律管理有机结合的管理模式。行业自律管理可以降低行政风险，节约行政成本，提高管理效率，有利于提高行业公信力，促进行业可持续发展。本法第36条明确了评估行业协会有对会员实行自律管理、建立会员信用档案、按照章程对会员给予奖惩等职责。两类管理目标是一致的，各有侧重，又相互衔接，形成监督管理合力，保障评估行业的有序、健康发展。因此，本条规定行政监督管理部门对评估机构和评估专业人员的违法行为依法实施行政处罚后，将处罚情况及时通报有关评估行业协会，并依法向社会公开。同时，在本法第36条中规定，评估行业协会按照章程规定对会员给予奖惩后，将奖惩情况及时报告有关评估行政管理部门。

相关规定

《中华人民共和国资产评估法》第36条。

第四十一条 评估行政管理部门对有关评估行业协会实施监督检查，对检查发现的问题和针对协会的投诉、举报，应当及时调查处理。

条文主旨

本条是关于对有关评估行业协会实施监督检查的规定。

立法背景

在法律制定过程中，对于评估行业协会的职责定位一直是讨论的热点问题。在草案修改过程中，有两方面意见被采纳：首先，按照简政放权，充分发挥行业协会作用，将政府部门管理的部分事项交由行业协会承担。其次，要按照政社分开，资产评估行政管理部门应当与评估行业协会脱钩。因此，本法加强了评估行政管理部门对评估行业协会监督管理的力度，在监督管理一章中从行政监督管理角度，明确规定评估行政管理部门对评估行业协会的监督检查权和调查处理权。

条文解读

一、监督检查主体

目前评估监督管理体制是分散管理模式，有关评估监督管理部门分别监督管理本领域的评估活动。与此相对应，评估行业协会也实行“一业多会”模式。本法第 33 条规定，评估行业按照专业领域设立全国性评估行业协会，根据需要设立地方性评估行业协会。因此，对评估行业协会进行监督管理的行政管理部门也是分散的，由财政、住房和城乡建设、国土资源、商务和保监会等部门分别对本领域中的评估行业协会实施监督管理。

二、监督检查内容

本法第 36 条规定，评估行业协会有下列职责：制定会员自律管理办法，对会员实行自律管理；依据评估基本准则制定评估执业准则和职业道德准则；组织开展会员继续教育；建立会员信用档案，将会员遵守法律、行政法规和评估准则的情况记入信用档案，并向社会公开；检查会员建立风险防范机制的情况；受理对会员的投诉、举报，受理会员的申诉，调解会员执业纠纷；规范会员从业行为，定期对会员出具的评估报告进行检查，按照章程规定对会员给予奖惩，并将奖惩情况及时报告有关评估行政管理部门；保障会员依法开展业务，维护会员合法权益。同时，评估行业协会对会员会费收取、使用接受会员代表大会和有关部门的监督。根据上述规定，资产评估行业协会作为社会组织一方面要履行法律法规规定的组织设立、运行、制度建设的相关职责，比如要制定会员自律管理办法、制定评估执业准则和职业道德准则、建立会员信用档案、收取使用会员会费等，另一方面也要履行一部分管理权限，比如将会员遵守法律、行政法规和评估准则的情况记入信用档案，受理对会员的投诉、举报，按照章程规定对会员给予奖惩等。评估行政管理部门作为评估行业的主管机关，有权对评估行业协会的上述职责履行情况开展监督检查。

三、开展调查处理

评估行政管理部门对有关评估行业协会开展监督检查以外，还可以进行进一步的调查处理。调查处理的案件有两方面来源：一是，评估行政管理部门在开展监督检查过程中发现了违法行为，应当及时启动相应的调查处理程序；二是，评估行政管理部门收到公民、法人或者其他组织针对评估行业协会的投诉、举报后，经过初步梳理，符合案件调查条件的，应当及时启动调查处理程序。公民、法人或者其他组织投诉、举报的，评估行政管理部门应当及时将相关情况反馈投诉人、举报人。

经过调查处理程序后，评估行政管理部门认为有关资产评估行业协会有违反资产评估法规定行为的，处理分为两个阶段：一是，由评估行政管理部门先行处理，可以给予警告，责令其改正；二是，评估行业协会拒不改正的，可以由评估行政管理部门通报登记管理机关，由登记管理机关依据《社会团体登记管理条例》等相关规定给予行政处罚。

相关规定

《中华人民共和国资产评估法》；《社会团体登记管理条例》第 32 条、第 33 条、第 34 条、第 35 条。

第四十二条 评估行政管理部门不得违反本法规定，对评估机构依法开展业务进行限制。

条文主旨

本条是关于禁止行政机关限制评估机构依法开展业务活动的规定。

条文解读

一、评估行政管理部门不得对评估机构依法开展业务进行限制是依法行政的必然要求

依法行政是法治原则的基本内容，评估行政管理部门作为行政机关，应当坚持依法行政。依法行政包含三项具体内容，一是合法行政。行政机关实施行政管理，应当依照法律、法规、规章的规定进行；没有法律、法规、规章的规定，行政机关不得作出损害公民、法人和其他组织合法权益或者增加公民、法人和其他组织义务的决定。2014年中国共产党第十八届中央委员会第四次全体会议通过《中共中央关于全面推进依法治国若干重大问题的决定》提出，行政机关不得法外设定权力，没有法律法规依据不得作出减损公民、法人和其他组织合法权益或者增加其义务的决定。二是合理行政。行政机关实施行政管理，应当遵循公平、公正的原则。要平等对待行政管理相对人，不偏私、不歧视。行使自由裁量权应当符合法律目的，排除不相关因素的干扰；所采取的措施和手段应当必要、适当；行政机关实施行政管理可以采用多种方式实现行政目的的，应当避免采用损害当事人权益的方式。三是程序正当。行政机关实施行政管理，除涉及国家秘密和依法受到保护的商业秘密、个人隐私的外，应当公开，注意听取公民、法人和其他组织的意见；要严格遵循法定程序，依法保障行

政管理相对人、利害关系人的知情权、参与权和救济权。行政机关工作人员履行职责，与行政管理相对人存在利害关系时，应当回避。

评估行政管理部门坚持依法行政应当坚持有所为和有所不为。一方面，评估行政管理部门应当严格执法，认真履行法定职责，确保评估行业健康有序发展。依照本法，设区的市级以上人民政府有关评估行政管理部门应当依据各自职责监督管理评估行业，对评估机构和评估专业人员的违法行为依法实施行政处罚，并将处罚情况通报有关评估行业协会；评估行政管理部门应当对有关评估行业协会实施监督检查，对检查发现的问题和针对协会的投诉、举报，要及时调查处理等。如本法规定，评估机构不得有下列行为：利用开展业务之便，谋取不正当利益；允许其他机构以本机构名义开展业务，或者冒用其他机构名义开展业务；以恶性压价、支付回扣、虚假宣传或者贬损、诋毁其他评估机构等不正当手段招揽业务；受理与自身有利害关系的业务；分别接受利益冲突双方的委托，对同一评估对象进行评估；出具虚假评估报告或者有重大遗漏的评估报告；聘用或者指定不符合本法规定的人员从事评估业务等。评估行政管理部门应当对上述违法行为进行查处，维护评估行业良好秩序和发展环境。

另一方面，评估行政管理部门应当树立起权力边界意识，不得对评估机构依法开展业务进行限制，切实保障评估机构的经营自主权。对于这一规定，应该从简政放权、转变政府职能的高度来认识和理解。对于市场主体，政府不是管得越多越好，而是应当充分发挥市场配置资源的基础性作用和社会力量在管理社会事务中的作用。只有把不该管的放下，才能合理取舍，集中力量，有的放矢，把该管的管到家，也才能便于市场主体及时因应情势变化、充分激发市场主体的活力和创造性。

二、评估行政管理部门不得对评估机构依法开展业务进行限制具有现实意义

本法出台前，有关评估行业主管部门颁布了许多规章和规范性文件，这对于填补制度空白、规范评估机构和评估人员执业行为、促进行业健康有序发展发挥了重要作用。本法出台后，评估领域有了法律层面的规范，行政法规、地方性法规、规章以及其他规范性文件中与本法不一致的，适用本法的规定。同时，评估行政管理部门在执法过程中，也需要严格依照本法规定，不得超出本法给评估机构增加义务。如本法第 26 条规定，评估专业人员应当恰当选择评估方法，除依据评估执业准则只能选择一种评估方法的外，应当选择两种以上评估方法，经综合分析，形成评估结论，编制评估报告。该条是有关评估业务的规定，法律规定评估专业人员应当选择两种以上的评估方法，在此情况下，评估行政管理部门就不能再对评估人员硬性规定具体选择哪几种评估方法。再如 2011 年财政部颁布的《资产评估机构审批和监督管理办法》第10条规定，资产评估机构名称应当包含“资产评估”字样；2005年原建设部颁布的《房地产估价机构管理办法》（2013年修改）第21条规定，分支机构名称采用“房地产估计机构名称＋分支机构所在地行政区划名＋分公司（分所）”的形式。这样的规定固然能够让人单从其名称就可清晰明了其业务范围，但也导致评估机构的名称过长，在实践中带来一些不便。本法制定过程中许多评估机构反映这一问题，故本法没有对评估机构的名称作出限制规定，可由评估机构在符合法律法规的情况下自主选择。

第四十三条　评估行政管理部门不得与评估行业协会、评估机构存在人员或者资金关联，不得利用职权为评估机构招揽业务。

条文主旨

本条是关于评估行政管理部门与评估行业协会、评估机构脱钩的规定。

条文解读

在评估行业中，评估行政管理部门是行使公权力的监管主体，评估行业协会是履行行业自我管理和服务的自律组织，评估机构是提供评估专业服务的市场主体。评估行政管理部门的性质和职能决定了其必须与行业协会、评估机构厘清人员和资金关联，以免影响其监管的公正性。

一、关于评估行政管理部门与评估行业协会脱钩

本条规定评估行政管理部门不得与评估行业协会存在人员或者资金联系，有其特定历史和政策背景，理解这一规定，可从我国行业协会与行政机关脱钩改制的视角来看。改革开放以来，随着社会主义市场经济体制的建立和完善，行业协会发展迅速，在为政府提供咨询，服务企业发展，优化资源配置，加强行业自律，创新社会治理，履行社会责任等方面发挥了积极作用。但同时，一些行业协会存在政会不分，管办一体，治理结构不健全，监督管理不到位，创新发展不足，作用发挥不够等问题。其中，比较突出的是行政化色彩比较浓的问题。由于我国一些行业协会与政府之间有着密切关系，行业协会的领导大多由业务主管单位推荐，部分行业协会习惯于依靠行政主管部门开展工作，一些行政主管部门也习惯将行业协会作为其附属机构直接指挥，行业协会作为独立的法人主体，自主性较为欠缺，影响了协会业务活动的有效开展，有的甚至借助行政主管部门的影响力向会员企业摊派会费，热衷于乱评比、乱表彰，增加企业负担。为此，有必要实行行业协会与行政机关脱钩，这对于正确处理政府与市场、政府与社会的关系，促进行业协会规范有序发展，激发市场活力和社会创造力，为经济社会持续健康发展提供新动力，具有重要意义。一是有利于转变政府职能。当前我们正大力推动简政放权、放管结合、优化服务改革，各级政府要把不该管也管不好的事交给社会，切断行政机关和行业协会之间的利益链条，实现行业协会“去行政化”，还原社会组织的社会属性，建立政府依法行政、社会组织依法自治的新体制。二是有利于激发行业协会内在活力和发展动力。行业协会与行政机关脱钩可以更好地发挥其独特优势和作用，促进产业结构调整，企业创新转型发展，经济提质增效升级。三是有利于创新体制机制。脱钩改革将推动行业协会将工作重心从服务政府转向更好的服务企业、行业和市场，更好地为行业企业提供指导、咨询、信息等智力服务支撑，规范市场主体行为，引导各类所有制企业公平竞争，诚信经营，实现更好发展。

二、评估机构与评估行政管理部门脱钩情况

评估机构与评估行政管理部门脱钩实施的比较早，而且在脱钩过程中都强调评估行政管理部门不得与评估机构存在人员或者资金关联。

在企业价值等资产评估方面，1999 年 5 月，财政部印发《关于资产评估机构脱钩改制的通知》（已失效）。通知首先确定了脱钩改制的基本原则，即资产评估机构与挂靠单位在充分协商的基础上合理界定产权，既要保证改制后的机构保持必要的财产条件，又要防止国有资产的流失。资产评估机构改制后与原挂靠单位在人、财、物等方面彻底脱钩；原挂靠单位不得持有或变相持有评估机构的股份，不得以任何方式对改制后的资产评估机构进行干预。明确资产评估机构和评估人员的权利和义务、风险和责任，逐步建立以资产评估师出资的合伙制和有限责任公司形式的资产评估机构。在人员脱钩方面，通知提出资产评估机构的人员，不再列入国家编制，不再是原挂靠单位的在编人员，其人事关系应转至当地人才交流服务机构管理。由原挂靠单位派到资产评估机构工作的，必须按国家有关规定及本人意愿，决定去留，只保留一方。原已办理离退休手续的资产评估机构的返聘人员，其人事档案仍由原保管单位保管，资产评估机构按国家聘请离退休人员的有关规定进行管理。改制后新增人员，由资产评估机构按国家的有关规定，自主向社会招聘，不列入国家编制。财务脱钩方面，通知提出资产评估机构脱钩前，应由挂靠单位负责做好资产评估机构的财务审计、资产清查、产权界定和资产处置工作。资产评估机构脱钩前应进行资产评估，但原出资方认为资产数额较小，而且账目清楚，双方协商意见一致的，经省以上财政部门资产评估行业清理整顿办公室批准同意，可以不进行评估。原资产评估机构结余的职业风险基金按照谁占有，谁承担职业风险责任的原则，由资产评估机构与原挂靠单位协商解决。可由原挂靠单位收回并承担改制前风险责任，也可以由资产评估机构留存并承担相应的风险。资产评估机构在脱钩过程中上缴原挂靠单位的国有资产，挂靠单位须加强管理，保证国有资产安全，防止国有资产流失。

在房地产价格评估方面，原建设部于2000年印发《关于房地产价格评估机构脱钩改制的通知》。通知提出，房地产价格评估机构脱钩改制的总体要求是凡从事房地产价格评估的中介服务机构，目前隶属或挂靠在政府部门的，均要在人员、财务、职能、名称等方面与之彻底脱钩。房地产价格评估机构脱钩后，要按照公司法、合伙企业法等有关规定改制为由注册房地产估价师出资的有限责任公司、合伙制性质的企业，参与市场竞争，不得承担房地产价格评估机构资质和人员资格等行政管理、行业管理的职能，这些职能应由房地产行政主管部门行使，或由房地产行政主管部门委托相应的房地产估价师学会（协会）承担。房地产评估机构脱钩改制在人员脱钩方面提出，房地产价格评估机构的在职人员，不再列入国家行政、事业编制，其人事关系应转至当地人才交流中心管理。脱钩后的房地产价格评估机构实行自主管理。原房地产价格评估机构的主管部门不再任免和管理房地产价格评估机构的负责人，由其自行决定具有注册房地产估价师资格的人员担任经营者、管理者及法定代表人。国家机关及其所属事业单位的工作人员一律不得到房地产价格评估机构兼职、挂职。原主管部门派到房地产价格评估机构工作的人员，要按照国家有关规定及本人意愿，决定去留。财务方面，在脱钩改制过程中由原主管部门按照国家有关规定对脱钩机构进行财务审计、清产核资、界定产权、评估资产和财产分割，并签订产权划分协议、提出资产处置意向，涉及财产分割的要按照有关规定由原主管部门与房地产价格评估机构协商解决。在界定产权和进行财产处置时，应坚持“谁投资，谁所有”的原则，并充分考虑房地产价格评估机构人员智力劳动形成资产积累的特点，妥善处理好脱钩改制过程中的财产问题。脱钩后，原主管部门不再持有或变相持有房地产价格评估机构的股份，其原持有的股权可采取由房地产价格评估机构购买或转为债权的方式一次性或逐年收回。脱钩改制后，房地产价格评估机构原则上由注册房地产估价师个人出资设立。

依照本条规定，属于本法调整范围的六大类评估领域，都应当依照本条规定处理好行政机关、行业协会和评估机构的关系。已经进行脱钩改制的，应当依照本条规定，坚持和巩固改制成果。尚未完成脱钩的，应当在本法实施前切断在人员和资金方面关联，既保障监管的有效性，又保障行业协会和评估机构的独立性、自主性。

第七章　法律责任

第四十四条　评估专业人员违反本法规定，有下列情形之一的，由有关评估行政管理部门予以警告，可以责令停止从业六个月以上一年以下；有违法所得的，没收违法所得；情节严重的，责令停止从业一年以上五年以下；构成犯罪的，依法追究刑事责任：

（一）私自接受委托从事业务、收取费用的；

（二）同时在两个以上评估机构从事业务的；

（三）采用欺骗、利诱、胁迫，或者贬损、诋毁其他评估专业人员等不正当手段招揽业务的；

（四）允许他人以本人名义从事业务，或者冒用他人名义从事业务的；

（五）签署本人未承办业务的评估报告或者有重大遗漏的评估报告的；

（六）索要、收受或者变相索要、收受合同约定以外的酬金、财物，或者谋取其他不正当利益的。

条文主旨

本条是关于评估专业人员的法律责任的规定。

条文解读

本法第 14 条规定："评估专业人员不得有下列行为：（一）私自接受委托从事业务、收取费用；（二）同时在两个以上评估机构从事业务；（三）采用欺骗、利诱、胁迫，或者贬损、诋毁其他评估专业人员等不正当手段招揽业务；（四）允许他人以本人名义从事业务，或者冒用他人名义从事业务；（五）签署本人未承办业务的评估报告；（六）索要、收受或者变相索要、收受合同约定以外的酬金、财物，或者谋取其他不正当利益；（七）签署虚假评估报告或者有重大遗漏的评估报告；（八）违反法律、行政法规的其他行为。"本条是对违反第 14 条的法律责任的规定，包括行政处罚和刑事责任两种法律责任，其中行政处罚又包括三种具体形式。

一、关于行政处罚

依照行政处罚法的规定，行政处罚的种类包括警告、罚款、没收违法所得、没收非法财物、责令停产停业、暂扣或者吊销许可证、暂扣或者吊销执照、行政拘留等。本条规定了警告、停止从业、没收违法所得三种。

依照本条规定，只要评估专业人员有所列情形之一，有关评估行政管理部门就应该处以警告，同时可以视情况作出责令停止从业的决定，期限为六个月以上一年以下以下；若情节严重的，可以责令停止从业一年以上五年以下。依照行政处罚法的规定，行政机关作出责令停产停业的行政处罚决定之前，应当告知当事人有要求举行听证的权利；当事人要求听证的，行政机关应当组织听证。当事人不承担行政机关组织听证的费用。听证依照以下程序组织：(1）当事人要求听证的，应当在行政机关告知后三日内提出；(2）行政机关应当在听证的七日前，通知当事人举行听证的时间、地点；(3）除涉及国家秘密、商业秘密或者个人隐私外，听证公开举行；(4）听证由行政机关指定的非本案调查人员主持；当事人认为主持人与本案有直接利害关系的，有权申请回避；(5）当事人可以亲自参加听证，也可以委托一至二人代理；(6）举行听证时，调查人员提出当事人违法的事实、证据和行政处罚建议；当事人进行申辩和质证；(7）听证应当制作笔录；笔录应当交当事人审核无误后签字或者盖章。

除了本条规定外，评估行政管理部门在实施行政处罚时还可以根据行政处罚法的规定从轻或者减轻处罚。行政处罚法规定，当事人有下列情形之一的，应当依法从轻或者减轻行政处罚：主动消除或者减轻违法行为危害后果的；受他人胁迫有违法行为的；配合行政机关查处违法行为有立功表现的；其他依法从轻或者减轻行政处罚的。违法行为轻微并及时纠正，没有造成危害后果的，不予行政处罚。

评估行政管理部门作出行政处罚决定应当遵守法定程序。评估专业人员存在本条规定的违法行为，依法应当给予行政处罚的，评估行政管理部门必须查明事实；违法事实不清的，不得给予行政处罚。评估行政管理部门在作出行政处罚决定之前，应当告知评估专业人员作出行政处罚决定的事实、理由及依据，并告知评估专业人员依法享有的权利。评估专业人员有权进行陈述和申辩。评估行政管理部门必须充分听取意见，对评估专业人员提出的事实、理由和证据，应当进行复核；事实、理由或者证据成立的，评估行政管理部门应当采纳。评估行政管理部门不得因当事人申辩而加重处罚。

二、关于刑事责任

除了规定行政处罚外，本条还规定了刑事责任。本条规定一些违法行为，情节达到一定严重程度，会触犯刑法，要追究刑事责任。由于我国刑法采用的是统一规定在一部刑法典的模式，所以其他法律中不直接规定刑事责任，仅作衔接性规定。

如本条第 3 项，直接规定了采用欺骗、利诱、胁迫，或者贬损、诋毁其他评估专业人员等不正当手段招揽业务的行政法律责任。同时，这些违法行为严重到一定程度，还会构成犯罪。刑法第 221 条规定了损害商业信誉、商品声誉罪。依照刑法规定，捏造并散布虚伪事实，损害他人的商业信誉、商品声誉，给他人造成重大损失或者有其他严重情节的，处二年以下有期徒刑或者拘役，并处或者单处罚金。本条第6项规定了索要、收受或者变相索要、收受合同约定以外的酬金、财物或者谋取其他不正当利益的行为，构成犯罪的，依法追究刑事责任。刑法第163条规定，公司、企业的工作人员在经济往来中，违反国家规定，收受各种名义的回扣、手续费，归个人所有的，数额较大的，处五年以下有期徒刑或者拘役；数额巨大的，处五年以上有期徒刑，可以并处没收财产。

相关规定

《中华人民共和国行政处罚法》第8条、第27条、第42条；《中华人民共和国资产评估法》第14条；《中华人民共和国刑法》第163条、第221条。

第四十五条 评估专业人员违反本法规定，签署虚假评估报告的，由有关评估行政管理部门责令停止从业两年以上五年以下；有违法所得的，没收违法所得；情节严重的，责令停止从业五年以上十年以下；构成犯罪的，依法追究刑事责任，终身不得从事评估业务。

条文主旨

本条是关于评估专业人员签署虚假评估报告的法律责任的规定。

条文解读

一、本条规定的违法行为

本条规定的违法行为为签署虚假的评估报告。根据本法第 14 条第 7 项规定，评估专业人员在评估活动中不得签署虚假的评估报告。评估专业人员违反这一规定，签署虚假评估报告的，要承担相应法律责任。

评估报告的真实是资产评估工作的基本要求。评估专业人员应当诚实守信，依法独立、客观、公正地从事业务，遵守评估准则，履行调查职责，独立分析估算，勤勉谨慎从事业务，不得签署虚假评估报告。虚假评估是指评估机构和评估专业人员故意出具不实评估报告。如果评估专业人员签署了虚假评估报告的，应当承担相应的法律责任。

二、本条规定的法律责任

有本条规定的违法情形的，需要依法承担行政责任和刑事责任。

行政责任。本条规定的行政责任为责令停止从业、没收违法所得。责令停止从业为行为罚，依法在一定期限内剥夺了当事人从事某项活动的权利，是一种较为严厉的处罚。停止从业的期间为两年以上五年以下，情节严重的，停止从业的期间为五年以上十年以下。没收违法所得为财产罚，只适用于有违法所得的情形。没收违法所得可以和责令停止从业并处。本条规定的行政处罚权由有关评估行政管理部门来行使，如企业价值评估由财政主管部门进行处罚，房地产评估由住房和城乡建设主管部门进行处罚，土地估价和矿业权评估由国土资源主管部门进行处罚，旧机动车评估由商务主管部门进行处罚，保险公估由保险监督管理机构进行处罚等。

刑事责任。评估专业人员违反本法规定，签署虚假评估报告或者有重大遗漏的评估报告，构成犯罪的，依法追究刑事责任，终身不得从事评估业务。刑法第229条第1款规定："承担资产评估、验资、验证、会计、审计、法律服务等职责的中介组织的人员故意提供虚假证明文件，情节严重的，处五年以下有期徒刑或者拘役，并处罚金。"这里所说的虚假证明文件，既包括伪造的证明文件，也包括内容虚假的文件。从本条来讲，主要是指虚假的评估报告。刑法第229条第2款规定："前款规定的人员，索取他人财物或者非法收受他人财物，犯前款罪的，处五年以上十年以下有期徒刑或者拘役，并处罚金。"如果评估专业人员利用手中权力进行物质利益交换以后，再出具虚假的评估报告，危害性就更大，因此对于评估专业人员索取他人财物或者非法收受他人财物而故意提供虚假评估报告的行为处刑更重，最高刑可判至十年有期徒刑。刑法第229条第3

款规定："第一款规定的人员，严重不负责任，出具的证明文件有重大失实，造成严重后果的，处三年以下有期徒刑或者拘役，并处或者单处罚金。""出具的文件有重大失实"，是指所出具的证明文件，在内容上存在重大的不符合实际的错误。这一款的规定主要针对过失犯罪，因此只有造成严重后果的，才负刑事责任。处刑的规定上也较之第1款规定的"提供虚假证明文件罪"的处刑要轻，最高刑期为三年。所谓"造成严重后果"主要是指给国家、集体或公民个人造成严重损失的以及在社会上产生特别恶劣影响的等情况。评估专业人员严重不负责任，出具的评估报告有重大遗漏，造成严重后果的，处三年以下有期徒刑或者拘役，并处或者单处罚金。评估专业人员如果构成犯罪，将终身不得从事评估业务，这是对签署虚假评估报告行为的一种严厉处罚。

相关规定

《中华人民共和国资产评估法》第14条；《中华人民共和国刑法》第229条。

第四十六条 违反本法规定，未经工商登记以评估机构名义从事评估业务的，由工商行政管理部门责令停止违法活动；有违法所得的，没收违法所得，并处违法所得一倍以上五倍以下罚款。

条文主旨

本条是关于未经工商登记以评估机构名义从事评估业务的法律责任的规定。

条文解读

一、本条规定的违法行为

本条规定的违法行为为未经工商登记以评估机构名义从事评估业务。根据本法第16条规定，设立评估机构，应当向工商行政管理部门申请办理登记。评估机构应当自领取营业执照之日起三十日内向有关评估行政管理部门备案。违反这一规定，未经工商登记以评估机构名义从事评估业务的，应当承担相应的法律责任。

先照后证的改革，降低了市场主体的准入门槛，激发了市场活力。但也对“无照经营”的事中和事后监管提出了更高要求。降低市场主体的登记门槛，不是放任不管，而是由“重审批轻监管”转变为“宽准入严监管”，按照深化商事制度改革，转变市场监管理念，创新市场监管方式的原则，在“先照后证”的制度背景下，要尽快构建权责明确、透明高效的事中事后监管机制，正确处理政府和市场的关系，维护公平竞争的市场秩序。只有这样，“先照后证”才会发挥它应有的价值和作用。2015年发布《国务院关于“先照后证”改革后加强事中事后监管的意见》，明确了“先照后证”改革后市场事中事后监管职责。

二、本条规定的法律责任

有本条规定的违法情形的，需要依法承担行政责任。本条规定的行政责任为责令停止违法活动、没收违法所得和罚款。其中，责令停止违法活动可以单独适用。没收违法所得只适用于有违法所得的情形，需要同时并处罚款，罚款数额为违法所得的一倍以上五倍以下。本条规定的行政处罚权由工商行政管理部门来行使。

相关规定

《中华人民共和国资产评估法》第16条；《国务院关于“先照后证”改革后加强事中事后监管的意见》。

第四十七条 评估机构违反本法规定，有下列情形之一的，由有关评估行政管理部门予以警告，可以责令停业一个月以上六个月以下；有违法所得的，没收违法所得，并处违法所得一倍以上五倍以下罚款；情节严重的，由工商行政管理部门吊销营业执照；构成犯罪的，依法追究刑事责任：

（一）利用开展业务之便，谋取不正当利益的；

（二）允许其他机构以本机构名义开展业务，或者冒用其他机构名义开展业务的；

（三）以恶性压价、支付回扣、虚假宣传，或者贬损、诋毁其他评估机构等不正当手段招揽业务的；

（四）受理与自身有利害关系的业务的；

（五）分别接受利益冲突双方的委托，对同一评估对象进行评估的；

（六）出具有重大遗漏的评估报告的；

（七）未按本法规定的期限保存评估档案的；

（八）聘用或者指定不符合本法规定的人员从事评估业务的；

（九）对本机构的评估专业人员疏于管理，造成不良后果的。

评估机构未按本法规定备案或者不符合本法第十五条规定的条件的，由有关评估行政管理部门责令改正；拒不改正的，责令停业，可以并处一万元以上五万元以下罚款。

条文主旨

本条是关于评估机构违法行为法律责任的规定。

条文解读

评估机构作为评估专业人员从事评估业务的机构，既是从业人员履行职责、服务社会的组织者，又是从业人员自我教育、自我约束的管理者。发挥评估机构自我管理、自我发展的重要职能，是加强评估行业自律、完善评估从业人员管理体系的基础环节和关键环节。本法规定了多项评估机构应当承担的义务，评估机构如果不履行这些义务，要承担相应的法律责任。

本条第1款规定了评估机构的九项违法情形：

（一）利用开展业务之便，谋取不正当利益的。本法第20条第1项规定，评估机构不得利用开展业务之便，谋取不正当利益。实践中有的评估机构向委托人索取、收受约定以外的酬金或财物，利用开展业务之便，高价低估或者低价高估，从而获取不当利益，严重损害了委托人或者其他相关当事人的利益，应当承担相应的法律责任。

（二）允许其他机构以本机构名义开展业务，或者冒用其他机构名义开展业务的。本法第20条第2项规定，评估机构不得允许其他机构以本机构名义开展业务，或者冒用其他机构名义开展业务。违反这一要求，应当承担相应的法律责任。

（三）以恶性压价、支付回扣、虚假宣传或者贬损、诋毁其他评估机构等不正当手段招揽业务的。本法第20条第3项规定，评估机构不得以恶性压价、支付回扣、虚假宣传或者贬损、诋毁其他评估机构等不正当手段招揽业务。这既是维护评估市场正常秩序、更好地维护当事人合法权益的客观需要，也是实现有序竞争，促进评估业和谐发展的客观要求。违反这一要求，应当承担相应的法律责任。

（四）受理与自身有利害关系的业务的。本法第20条第4项规定，评估机构不得受理与自身有利害关系的业务。

如果评估机构受理的业务与自身有利害关系，就很难保证评估的客观性和公正性，损害委托方和其他相关当事人的利益，应当承担相应的法律责任。

（五）分别接受利益冲突双方的委托，对同一评估对象进行评估的。本法第 20 条第 5 项规定，评估机构不得分别接受利益冲突双方的委托，对同一评估对象进行评估。如果评估机构针对同一评估事项，同时接受利益冲突双方各自的委托，不仅会造成不当得利，而且会直接影响到相关当事人的利益，难以保证评估的公正和客观，应当承担相应的法律责任。

（六）出具有重大遗漏的评估报告的。本法第 20 条第 6 项规定，评估机构不得出具有重大遗漏的评估报告。评估报告的完整是资产评估工作的基本要求。重大遗漏是指因评估机构或评估专业人员的过失而使评估报告遗漏重要事项，造成评估报告不实。如果评估机构出具了有重大遗漏的评估报告的，应当承担相应的法律责任。

（七）未按本法规定的期限保存评估档案的。本法第 29 条规定，评估档案的保存期限不少于十五年。属于法定评估业务的，保存期限不少于三十年。违反上述规定，应当承担相应的法律责任。

（八）聘用或者指定不符合本法规定的人员从事评估业务的。本法第 20 条第 7 项规定，评估机构不得聘用或者指定不符合本法规定的人员从事评估业务。本法对评估专业人员规定了一些要求，如第 11 条规定因故意犯罪或者在从事评估、财务、会计、审计活动中因过失犯罪而受刑事处罚，自刑罚执行完毕之日起不满五年的人员，不得从事评估业务。第 28 条规定，评估机构开展法定评估业务，应当指定至少两名相应专业类别的评估师承办。评估机构聘用不符合本法规定的人员从事评估业务的，应当承担相应的法律责任。

（九）对本机构的评估专业人员疏于管理，造成不良后果的。本法第 17 条第 2 款规定，评估机构应当建立健全内部管理制度，对本机构的评估专业人员遵守法律、行政法规和评估准则的情况进行监督，并对其从业行为负责。如果资产评估机构未履行上述义务，对本机构从业人员管理不严造成不良后果的，应当承担相应的法律责任。

有以上九项违法情形的，需要依法承担行政责任和刑事责任。行政责任包括警告、责令停业、没收违法所得、罚款和吊销营业执照。其中，警告适用于一般的违法情形。责令停业的期间为一个月以上六个月以下。没收违法所得和并处罚款只适用于有违法所得的情形，罚款数额为违法所得的一倍以上五倍以下。吊销营业执照只适用于违法行为情节特别严重的情形。在这几项行政处罚中，警告、责令停业、没收违法所得、罚款的行政处罚权由有关评估行政管理部门行使，吊销营业执照的行政处罚权由工商行政管理部门行使。这里的“有关评估行政管理部门”是指按照职责分工，分别负责各自评估业务领域管理的各部门，如企业价值评估由财政主管部门进行处罚，房地产评估由住房和城乡建设主管部门进行处罚，土地估价和矿业权评估由国土资源主管部门进行处罚，旧机动车评估由商务主管部门进行处罚，保险公估由保险监督管理机构进行处罚等。评估机构有以上违法情形，如果构成犯罪，还要承担相应的刑事责任。

本条第2款规定了评估机构未按本法规定备案或者不符合本法第15条规定的条件的法律责任。本法第16条规定，设立评估机构，应当向工商行政管理部门申请办理登记。评估机构应当自领取营业执照之日起三十日内向有关评估行政管理部门备案。评估行政管理部门应当及时将评估机构备案情况向社会公告。本法第15条规定了设立评估机构的条件，即应当依法采用合伙或者公司形式，聘用评估专业人员开展评估业务。合伙形式的评估机构，应当有两名以上评估师；其合伙人三分之二以上应当是具有三年以上从业经历且最近三年内未受停止从业处罚的评估师。公司形式的评估机构，应当有八名以上评估师和两名以上股东，其中三分之二以上股东应当是具有三年以上从业经历且最近三年内未受停止从业处罚的评估师。评估机构的合伙人或者股东为两名的，两名合伙人或者股东都应当是具有三年以上从业经历且最近三年内未受停止从业处罚的评估师。评估机构违反上述规定的，由有关评估行政管理部门责令改正；拒不改正的，责令停业，可以并处一万元以上五万元以下罚款。其中，责令停业和并处罚款仅适用于评估机构拒不改正违法行为的情形。处罚权由有关评估行政管理部门按照各自的职责分工分别行使，如企业价值评估由财政主管部门进行处罚，房地产评估由住房和城乡建设主管部门进行处罚，土地估价和矿业权评估由国土资源主管部门进行处罚，旧机动车评估由商务主管部门进行处罚，保险公估由保险监督管理机构进行处罚等。

相关规定

《中华人民共和国资产评估法》第 11 条、第 15 条、第 16 条、第 17 条、第 20 条、第 28 条、第 29 条、第 32 条。

第四十八条 评估机构违反本法规定，出具虚假评估报告的，由有关评估行政管理部门责令停业六个月以上一年以下；有违法所得的，没收违法所得，并处违法所得一倍以上五倍以下罚款；情节严重的，由工商行政管理部门吊销营业执照；构成犯罪的，依法追究刑事责任。

条文主旨

本条是关于评估机构出具虚假评估报告法律责任的规定。

立法背景

随着我国市场经济的发展，产权交易愈加频繁，评估行业已经发展到资产评估、房地产估价、土地估价、矿业权评估、旧机动车鉴定估价和保险公估等多个领域。据统计，目前我国有各类评估机构1.4万余家，评估师13万多人，从业人员60余万人。在评估行业迅速发展的同时，也出现一些评估机构为谋取不正当利益，出具虚假评估报告的问题。为加强对评估行业的监管，本条规定了评估机构出具虚假评估报告应承担的法律责任。

条文解读

一、本条规定的违法行为

评估报告是评估机构及其评估专业人员根据委托对不动产、动产、无形资产、企业价值、资产损失或者其他经济权益进行评定、估算后出具的报告，对资产价值的评定具有重要意义。评估机构应当依法独立、客观、公正开展业务，建立健全质量控制制度，保证评估报告的客观、真实、合理，不得出具虚假评估报告。评估机构违反本法规定出具虚假评估报告的，应承担相应的法律责任。

二、本条规定的法律责任

一是责令停业。评估机构违反本法规定，出具虚假评估报告的，由有关评估行政管理部门责令停业六个月以上一年以下。责令停业是行政机关给予违法单位的一种较为严重的行政处罚，是对违法单位的经营活动能力的全面禁止，能有效防止违法行为的进一步扩大，避免造成更为严重的社会后果。

目前，评估行业划分为企业价值等资产评估、土地估价和矿业权评估、房地产估价、保险公估、旧机动车评估六种专业类别，分别由财政主管部门、国土资源主管部门、住房和城乡建设主管部门、保险监督管理机构、商务主管部门五个部门管理。评估机构违反本法规定，出具虚假评估报告的，由其违法评估业务相对应的评估行政管理部门作出行责令停业以及没收违法所得、罚款等处罚。

二是没收违法所得并处罚款。由于违法所得是通过法律禁止行为或者手段获取的利益，因此本条规定对评估机构违反本法规定出具虚假评估报告的违法所得予以没收。同时，还要对评估机构给予一定的罚款，罚款幅度为违法所得的一倍以上五倍以下。以违法所得为基数设定罚款幅度是立法中常用的罚款设定方式，一方面以违法所得作为罚款基数，符合比例原则，体现过罚相当；另一方面给执法机关一定裁量空间，能够适应复杂的实践情况。

三是吊销营业执照。根据本法第16条规定，设立评估机构，应当向工商行政管理部门申请办理登记，领取营业执照。对评估机构违反本法规定出具虚假评估报告或者有重大遗漏的评估报告，情节严重的，由发证部门，即工商行政管理部门，吊销营业执照。

四是追究刑事责任。刑法第229条规定，承担资产评估、验资、验证、会计、审计、法律服务等职责的中介组织的人员故意提供虚假证明文件，情节严重的，处五年以下有期徒刑或者拘役，并处罚金。前款规定的人员，索取他人财物或者非法收受他人财物，犯前款罪的，处五年以上十年以下有期徒刑，并处罚金。第1款规定的人员，严重不负责任，出具的证明文件有重大失实，造成严重后果的，处三年以下有期徒刑或者拘役，并处或者单处罚金。第231条规定，单位犯本节第二百二十一条至第二百三十条规定之罪的，对单位判处罚金，并对其直接负责的主管人员和其他直接责任人员，依照本节各该条的规定处罚。依照上述规定，评估机构出具虚假评估报告情节严重的，对评估机构判处罚金，并对其直接负责的主管人员和其他直接责任人员，依照刑法第229条规定追究刑事责任。

相关规定

《中华人民共和国资产评估法》第16条；《中华人民共和国刑法》第229条、第231条。

第四十九条 评估机构、评估专业人员在一年内累计三次因违反本法规定受到责令停业、责令停止从业以外处罚的，有关评估行政管理部门可以责令其停业或者停止从业一年以上五年以下。

条文主旨

本条是关于评估机构、评估专业人员屡次违法可以增加处罚的规定。

立法背景

在立法过程中，有意见提出，在取消评估从业人员职业资格准入后，应当进一步加大对违法评估机构、评估专业人员的处罚力度，特别是屡次违法的评估机构和评估专业人员，主观恶意和社会危害性较大，应当对其加重处罚。为此，本条规定对一年内累计三次因违反本法规定受到责令停业、责令停止从业以外处罚的评估机构和评估人员，可以增加处罚。

条文解读

本条规定的责令停业、责令停止从业以外处罚，主要是指违反本法规定受到的警告、没收违法所得、罚款等处罚。

把握本条规定，需要注意以下几个的问题：

一是，本条规定的是一年内累计受到三次处罚，而不是三种处罚。如某一评估机构因违反本法规定，利用开展业务之便，谋取不正当利益被有关评估行政管理部门同时予以警告、没收违法所得、并处罚款三种不同处罚的，则不属于本条规定的增加处罚的情形。再如某一评估专业人员因违反本法规定私自接受委托从事业务，一年内累计被予以警告三次的，则属于本条规定的增加处罚的情形，有关评估行政管理部门可以依据本条规定责令其停业或者停止从业一年以上五年以下。

二是，本条规定的一年内累计受到三次处罚，是指受到同一评估行政管理部门作出的处罚。按照国务院有关规定，目前评估行业划分为企业价值等资产评估、土地估价和矿业权评估、房地产估价、保险公估、旧机动车评估六种专业类别，分别由财政主管部门、国土资源主管部门、住房和城乡建设主管部门、保险监督管理机构、商务主管部门五个部门管理。评估机构业务范围如涉及多个评估专业类别，需同时受多个评估行政管理部门监管。如某一评估机构因违反本法规定一年内累计三次受到同一评估行政管理部门责令停业、责令停止从业以外处罚的，该评估行政管理部门可以依照本条规定，责令其停业或者停止从业一年以上五年以下；如评估机构一年内累计三次受到不同评估行政管理部门作出的责令停业、责令停止从业以外处罚，不依照本条规定增加处罚。

三是，本条规定的一年内累计三次因受到处罚，仅限于违反本法规定受到的处罚，因违反其他法律规定受到处罚则不属于本条规定的增加处罚的情形。对一年内累计三次受到责令停业、责令停止从业以外处罚的，有关评估行政管理部门可以根据其具体违法和受到处罚情况，责令评估机构停业或者评估专业人员停止从业一年以上五年以下。

相关规定

《中华人民共和国资产评估法》第44条、第47条。

第五十条 评估专业人员违反本法规定，给委托人或者其他相关当事人造成损失的，由其所在的评估机构依法承担赔偿责任。评估机构履行赔偿责任后，可以向有故意或者重大过失行为的评估专业人员追偿。

条文主旨

本条是关于评估机构、评估专业人员赔偿责任的规定。

立法背景

为加快转变政府职能，推进简政放权、放管结合、优化服务改革，国务院取消了有关评估从业人员职业资格准入，评估师以外的其他评估专业人员也可以从事评估业务。在立法过程中，有意见提出，评估从业人员职业资格准入取消后，应当进一步强化评估机构对本机构评估专业人员的管理责任以及评估机构和评估专业人员的赔偿责任。本条对评估专业人员违反本法规定，给委托人或者其他相关当事人造成损失的，评估机构的替代责任以及追偿问题作出规定。

条文解读

一、本条规定的违法行为

本条所规定的违法行为具有以下三个要点：一是评估专业人员存在违反本法规定的行为，二是委托人或其他相关当事人受到损失，三是评估专业人员违反本法规定的行为与委托人或其他相关当事人损失之间存在因果关系。

本条所称评估专业人员违反本法有关规定，给委托人或者其他相关当事人造成损失，主要是指违反本法有关评估专业人员在评估活动中的禁止性规定以及有关评估程序的规定。本法第14条规定了评估专业人员在评估活动中的禁止行为，即（1）私自接受委托从事业务、收取费用；（2）同时在两个以上评估机构从事业务；（3）采用欺骗、利诱、胁迫，或者贬损、诋毁其他评估专业人员等不正当手段招揽业务；（4）允许他人以本人名义从事业务，或者冒用他人名义从事业务；（5）签署本人未承办业务的评估报告；（6）索要、收受或者变相索要、收受合同约定以外的酬金、财物，或者谋取其他不正当利益；（7）签署虚假评估报告或者有重大遗漏的评估报告；（8）违反法律、行政法规的其他行为。此外，在本法第4章评估程序一章中对评估活动进行规范，如第25条规定评估专业人员应当根据评估业务具体情况，对评估对象进行现场调查，收集权属证明、财务会计信息和其他资料并进行核查验证、分析整理，作为评估的依据。第26规定评估专业人员应当恰当选择评估方法，除依据评估执业准则只能选择一种评估方法的外，应当选择两种以上评估方法，经综合分析，形成评估结论，编制评估报告。评估机构应当对评估报告进行内部审核。评估专业人员违反有关评估程序规定，给委托人或者其他相关当事人造成的损失的，所在评估机构应当依法承担赔偿责任。

二、关于替代责任

本法规定评估专业人员必须加入评估机构才能开展评估活动，评估机构负有对其评估专业人员遵守法律、行政法规和评估准则的情况进行监督的义务，并对其从业行为负责，因此本条规定，评估机构对其评估专业人员违反本法规定给委托人或者其他当事人造成的损失承担赔偿责任。这一方面是加强对委托人和其他当事人权益的保护，另一方面也是通过规定评估机构的赔偿责任，促使评估机构加强对其评估专业人员的监督管理，从而减少评估专业人员给委托人或者其他当事人造成损失的可能性。

需要注意的是，评估机构不仅需要对其评估专业人员违反本法规定给委托人造成的损失承担赔偿责任，给其他相关当事人造成的损失，同样需要承担赔偿责任。

三、关于追偿

因评估专业人员与评估机构关系的特殊性，本法规定对评估专业人员给委托人或者其他相关当事人造成的损失，由评估机构先行承担赔偿责任。为避免这一制度被评估专业人员滥用，损害评估机构的合法权益，本条同时规定，评估专业人员在评估过程中有故意行为，如签署虚假评估报告，或者重大过失行为，如签署有重大遗漏的评估报告，给委托人或者其他相关当事人造成损失的，评估机构先行承担赔偿责任后，可以向有故意或者重大过失行为的评估专业人员追偿。

除故意、重大过失以及意外情况外，评估专业人员受自身能力、工作状态、工作环境等因素影响，在从事评估活动时，难免出错对委托人或者其他相关当事人造成损失，在此情况下，评估机构在向委托人或者其他相关当事人履行赔偿责任后，不再向评估专业人员追偿。

需要注意的是，评估机构不得以评估专业人员的故意或者重大过失来对抗委托人或者其他相关当事人，逃避赔偿责任。评估专业人员故意或者重大过失导致委托人或者其他当事人利益受损的，评估机构必须先行向委托人或者其他当事人承担赔偿责任后，才能进行追偿。

相关规定

《中华人民共和国资产评估法》第 13 条、第 14 条、第 25 条、第 26 条。

第五十一条 违反本法规定，应当委托评估机构进行法定评估而未委托的，由有关部门责令改正；

拒不改正的，处十万元以上五十万元以下罚款；情节严重的，对直接负责的主管人员和其他直接责任人员依法给予处分；造成损失的，依法承担赔偿责任；构成犯罪的，依法追究刑事责任。

条文主旨

本条是关于未依法委托评估机构进行评估应承担的法律责任的规定。

立法背景

为了防止国有资产流失、保护公共利益，本法专门对法定评估作出了规定。本法第 3 条规定，涉及国有资产或者公共利益等事项，法律、行政法规规定需要评估的（以下称法定评估），应当依法委托评估机构评估。违反这一规定的，应当承担相应的法律责任。

条文解读

本条对此种违法行为规定了行政、民事和刑事三种法律责任。

一、行政法律责任

本条规定的行政法律责任主要是行政处罚和处分。

1. 行政处罚。罚款是一种最常见的行政处罚之一，是一种典型的“财产罚”，指行政主体强制违法的相对人承担金钱给付的处罚形式。作为行政处罚的罚款，不同于罚金，罚金是一种附加刑，适用的对象只能是触犯刑法构成犯罪的个人或组织，适用罚金的机关只能是人民法院。根据本条规定，未依法委托评估机构进行法定评估的，由有关部门责令改正；拒不改正的，处10万元以上50万元以下罚款。需要注意的是，对本条规定的违法行为实施处罚前，应首先责令当事人改正违法行为，拒不改正的，才处以罚款。

2. 处分。处分是指行政机关内部或者国有企业事业单位等，对隶属的人员违反纪律或者法律的行为所给予的纪律制裁，其主要依据为公务员法、国家行政机关公务员处分条例所规定的对公务员的处分，也包括人力资源与社会保障部、监察部联合制定的《事业单位工作人员处分暂行规定》中涉及的事业单位工作人员的处分。根据公务员法的规定，处分的种类从轻到重依次有警告、处分、记过、记大过、降级、撤职、开除六种。按照事业单位工作人员处分暂行规定，处分主要包括：警告、记过、降低岗位等级或者撤职和开除几种类型，其中，撤职处分适用于行政机关任命的事业单位工作人员。

需要注意的是，本条规定的违法行为还未正式进入评估程序，其处罚主体主要是依据相关法律、行政法规的规定履行管理职责的有关部门，如公路法规定，国道等公路收费权的转让，必须进行资产评估，其主管部门是交通部门，对公路收费权转让，未按法定程序进行评估的，交通主管部门可以对其进行处罚。

二、赔偿责任

赔偿责任是一种重要的民事责任，是指行为人由于过错侵害他人的财产、人身，依法应承担的民事赔偿责任。民法通则第106条规定，公民、法人由于过错侵害国家的、集体的财产，侵害他人财产、人身的，应当承担民事责任。赔偿损失是运用最为广泛的民事责任方式。赔偿的目的，是使受到损害的权利得到救济。损害赔偿责任要符合三个要件，违法行为、损害后果，违法行为与损害后果之间有因果关系。根据本条规定，构成损害赔偿责任，首先，当事人一方存在违法行为，即对属于法定评估的事项未依法委托评估机构进行评估，其次，给国家或他人造成了损失，第三，损害的后果是因违法行为造成的，如果两者没有因果关系，就不需要承担赔偿责任。

三、刑事责任

对违反法定评估要求的，除承担相应的行政、民事责任外，对已经构成犯罪的，还要依照刑法的有关规定承担刑事责任。其与行政处罚的本质区别在于行政处罚是对实施尚未构成犯罪的违法行为的当事人所给予的处罚，而刑事处罚是对实施犯罪行为的当事人所给予的处罚。本条涉及的刑事责任主要包括：刑法第168条规定：“国有公司、企业直接负责的工作人员，由于严重不负责任或者滥用职权，造成国有公司、企业破产或者严重损失，致使国家利益遭受重大损失的，处3年以下有期徒刑或者拘役，致使国家利益遭受特别重大损失的，处3年以上7年以下有期徒刑。”“国有事业单位的工作人员有前款行为，致使国家利益遭受重大损失的，依照前款的规定处罚。”“国有公司、企业、事业单位的工作人员，徇私舞弊，犯前两款罪的，依照第1款的规定从重处罚。”第169条规定，国有公司、企业或者其上级主管部门直接负责的主管人员，徇私舞弊，将国有资产低价折股或者低价出售，致使国家利益遭受重大损失的，处3年以下有期徒刑或者拘役；致使国家利益遭受特别重大损失的，处3年以上7年以下有期徒刑。

相关规定

《中华人民共和国刑法》第168条、第169条；《中华人民共和国民法通则》第106条；《中华人民共和国侵权责任法》第6条、第15条；《中华人民共和国行政处罚法》第8条、第23条；《中华人民共和国公务员法》；《事业单位工作人员处分暂行规定》。

第五十二条 违反本法规定，委托人在法定评估中有下列情形之一的，由有关评估行政管理部门会同有关部门责令改正；拒不改正的，处十万元以上五十万元以下罚款；有违法所得的，没收违法所得；情节严重的，对直接负责的主管人员和其他直接责任人员依法给予处分；造成损失的，依法承担赔偿责任；构成犯罪的，依法追究刑事责任：

（一）未依法选择评估机构的；

（二）索要、收受或者变相索要、收受回扣的；

（三）串通、唆使评估机构或者评估师出具虚假评估报告的；

（四）不如实向评估机构提供权属证明、财务会计信息和其他资料的；

（五）未按照法律规定和评估报告载明的使用范围使用评估报告的。

前款规定以外的委托人违反本法规定，给他人造成损失的，依法承担赔偿责任。

条文主旨

本条是关于委托人违反本法规定应当承担法律责任的规定。

条文解读

一、本条规定的违法行为

（一）未依法选择评估机构。这里的依法，包括本法，也包括有关法律、行政法规对法定评估业务的规定。本法第 22 条规定，委托开展法定评估业务，应当依法选择评估机构。涉及法定评估业务，有关法律、行政法规往往对评估机构的选择问题作出了规定。如《国有土地上房屋征收与补偿条例》第19条、第20条规定，被征收房屋的价值，由具有相应资质的房地产价格评估机构按照房屋征收评估办法评估确定。房地产价格评估机构由被征收人协商选定；协商不成的，通过多数决定、随机选定等方式确定，具体办法由省、自治区、直辖市制定。对未按法律、行政法规的规定选择评估机构的，要承担相应的法律责任。

（二）索要、收受或者变相索要、收受回扣。本法第23条规定，委托人应当按照合同约定向评估机构支付费用，不得索要、收受或者变相索要、收受回扣。在法定评估业务中，委托人违反这一规定的要承担相应的法律责任。

（三）串通、唆使评估机构或者评估师出具虚假评估报告。本法第27条规定，委托人不得串通、唆使评估机构或者评估专业人员出具虚假评估报告。无论评估机构或者评估专业人员是否已出具了虚假的评估报告，只要委托人有串通、唆使的行为就要承担法律责任。需要说明的是，本条规定的违法行为主要是针对法定评估的情形，本法第28条规定，评估机构开展法定评估业务，应当指定至少两名相应专业类别的评估师承办，因此，本条“评估专业人员”特指“评估师”。

（四）不如实向评估机构提供权属证明、财务会计信息和其他资料的。如实提供权属证明、财务会计信息和其他资料，是委托人应尽的义务，本法第23条规定，委托人应当对其提供的权属证明、财务会计信息和其他资料的真实性、完整性和合法性负责。如果委托人不如实提供这些信息、资料，就会使评估报告出现偏差，造成不良的后果，因此，对此种行为应给予惩处。

（五）未按照法律规定和评估报告载明的使用范围使用评估报告。本法第 32 条规定，委托人或者评估报告使用人应当按照法律规定和评估报告载明的使用范围使用评估报告。违反此项要求，应承担法律责任。

二、本条规定的法律责任

本条第 1 款规定的违法行为主要是针对法定评估的委托人设定的，包括行政、民事和刑事三种法律责任。第一，行政法律责任，包括罚款、没收违法所得和处分。本条规定，委托人有上述违法行为的，给予 10 万元以上 50 万元以下罚款，有违法所得的，没收违法所得；情节严重的，对直接负责的主管人员和其他直接责任人员依法给予处分。关于行政法律责任的处罚主体，本条规定由有关评估行政管理部门会同有关部门作出。主要考虑是，在法定评估管理过程中，除涉及评估行政管理部门外，还涉及其他评估事项的业务主管部门，如有关公路收费权转让的评估就涉及这一业务事项的主管部门，即交通部门，因此，评估行政管理部门在作出处罚决定时应会同这些业务事项的主管部门。第二，赔偿责任。对于委托人的违法行为，给相关联的其他当事人造成损失的，本条规定委托人应当承担民事赔偿责任。第三，刑事责任。本条涉及的刑事责任比较复杂，应根据不同的违法行为，按照刑法的规定给予不同的惩处。主要涉及了刑法第 3 章破坏社会主义市场经济罪、第 8 章贪污贿赂罪和第 9 章渎职罪所规定的相关内容，如刑法第 162 条之一规定的隐匿、故意销毁会计凭证、会计账簿、财务会计报告罪，刑法第 163 条规定的非国家工作人员受贿罪，第 168 条规定的国有公司、企业、事业单位人员失职、滥用职权罪，第 169 条规定的徇私舞弊低价折股、出售国有资产罪，第 385 条规定的受贿罪等。

对属于法定评估以外的委托人，由于其是自愿选择评估机构进行评估，按照合同的约定享有权利和承担义务，因此，本条第 2 款对法定评估之外评估活动委托人违法行为，规定了民事赔偿责任。

相关规定

《中华人民共和国资产评估法》第 22 条、第 23 条、第 27 条、第 32 条；《国有土地上房屋征收与补偿条例》第 19 条、第 20 条；《中华人民共和国刑法》第 3 章、第 8 章、第 9 章；《中华人民共和国行政处罚法》第 8 条；《中华人民共和国侵权责任法》第 6 条、第 15 条；《中华人民共和国企业国有资产法》第 4 节。

第五十三条 评估行业协会违反本法规定的，由有关评估行政管理部门给予警告，责令改正；拒不改正的，可以通报登记管理机关，由其依法给予处罚。

条文主旨

本条是关于评估行业协会违反本法规定应承担的法律责任的规定。

立法背景

本条是草案四审时新增加的内容，主要考虑到，本法赋予了行业协会一些具体职责，第 36 条规定了评估行业协会应当履行的九项职责，按照权责一致的原则，对行业协会违反本法规定的行为，应规定相应的法律责任，以加强对行业协会的监督。

条文解读

本条对评估行业协会违反本法规定的行为，规定了相应的法律责任：

本条规定了两个处罚主体，一个是有关评估行政管理部门，一个是登记管理机关。一方面，本法第 41 条规定，评估行政管理部门对有关评估行业协会实施监督检查，对检查中发现的问题和针对协会的投诉、举报，应当及时调查处理。也就是说，对评估行业协会的日常监管是评估行政管理部门的职责之一，其在监督检查过程中，更容易发现评估行业协会出现的问题，由其给予处罚，是适当的。

另一方面，考虑到，行业协会是实行自律管理的社会组织，其具体的运行管理，按照《社会团体登记管理条例》的规定，还要受到登记机关，即民政部门的监管。对评估行业协会违反本法规定的，首先由各评估行政管理部门依据职责予以警告的处罚，并责令其改正，如协会拒不改正的，就通报协会登记管理机关，即民政部门，由其依照《社会团体登记管理条例》的规定给予责令撤换负责人、撤销登记、罚款、没收违法所得等处罚。本条规定的“有关评估行政管理部门”，是指该评估领域的业务主管部门，如房地产评估行业协会违反本法的，由住房和城乡建设部门给予警告，责令改正。

相关规定

《社会团体登记管理条例》。

第五十四条 有关行政管理部门、评估行业协会工作人员违反本法规定，滥用职权、玩忽职守或者徇私舞弊的，依法给予处分；构成犯罪的，依法追究刑事责任。

条文主旨

本条是关于国家机关工作人员、评估行业协会工作人员滥用职权、玩忽职守和徇私舞弊应承担的法律责任的规定。

条文解读

本条规定的“有关行政管理部门”，除了各个评估行政管理部门外，还包括其他有关部门的工作人员，如民政部门、工商行政管理部门等，这些部门也要依法履行好各自的职责，做好资产评估管理工作，否则也要依法承担相应的法律责任。如果各个评估行政管理部门和其他有关部门的工作人员没有依法履行法定的职责，滥用职权、玩忽职守、徇私舞弊的，要依法承担相应的法律责任。

一、本条规定的违法情形

本条规定的违法情形有三种：滥用职权、玩忽职守、徇私舞弊。

（一）滥用职权，是指国家机关工作人员故意超过职权范围行使职权或者不适当地行使职权，致使公共财产、国家和人民利益遭受损失的违法行为。评估行政管理部门和其他有关部门的工作人员违反本法，滥用职权的行为，主要指在评估管理过程中超越法律、法规所赋予的职权范围去行使职权；或者不适当地行使职权，造成危害后果的违法行为。如本法第22条规定，任何单位和个人不得非法限制或者干预委托人自主选择评估机构进行评估，如果有关行政管理部门利用职权进行非法干预，即属于滥用职权的违法行为。

（二）玩忽职守，是指国家工作人员不履行或者不正确履行法律所赋予的职责，构成违法失职行为，致使公共财产、国家和人民利益受到损失的行为。评估行政管理部门和其他有关部门的工作人员在资产评估管理过程中玩忽职守的行为，主要表现为对工作极端不负责任，对依法承担的工作职责不予履行，如本法第16条规定，评估行政管理部门应当及时将评估机构备案情况向社会公告，如未及时进行公告，即属于玩忽职守的违法行为。

（三）徇私舞弊，是指为徇个人私利或亲友私情，不按照法律、法规规定办事，使国家和人民利益受到损失的行为。评估行政管理部门和其他有关部门的工作人员在资产评估管理过程中徇私舞弊的行为，主要表现为徇私枉法，出于贪赃、报复或者袒护亲友的目的而产生的失职、渎职行为。如违反本法第43条规定，利用职权为评估机构招揽业务，即属于徇私舞弊的违法行为。

二、本条规定的法律责任

根据本条的规定，评估行政管理部门和其他有关部门、评估行业协会的工作人员滥用职权、玩忽职守、徇私舞弊，不构成犯罪的，要对直接负责的主管人员和其他直接责任人员依法给予处分，构成犯罪，要依法追究刑事责任。

（一）行政法律责任

本条规定行政法律责任为处分。对国家机关工作人员来讲，按照公务员法的规定，给予不同程度的处分，从轻到重包括：警告、处分、记大过、降级、撤职、开除六种。

对于事业单位中不参照公务员法管理的工作人员，按照《事业单位工作人员处分暂行规定》的规定给予处分。主要包括：警告、记过、降低岗位等级或者撤职和开除几种类型。对评估行业协会的工作人员来讲，其是自律管理组织，考虑到现在脱钩还在试行，有的行业协会还有兼职的情况，如果同时也是国家机关或者事业单位工作人员的，也要依照公务员法或者《事业单位工作人员处分暂行规定》给予处分。如果是党员的可以按照《中国共产党纪律处分条例》的规定，对党员给予党纪处分。

（一）刑事责任

构成犯罪的，依照刑法有关规定追究刑事责任。这里讲的构成犯罪，对国家机关工作人员来讲，主要是指构成刑法第 9 章规定的国家工作人员失职、渎职犯罪，如刑法第 397 条规定，国家机关工作人员滥用职权或者玩忽职守，致使公共财产、国家和人民利益遭受重大损失的，处三年以下有期徒刑或者拘役；情节特别严重的，处三年以上七年以下有期徒刑。本法另有规定的，依照其规定。国家机关工作人员徇私舞弊，犯前款罪的，处五年以下有期徒刑或者拘役；情节特别严重的，处五年以上十年以下有期徒刑。本法另有规定的，依照其规定。评估行业协会工作人员，如果同时也是国家机关工作人员的，则也要追究其滥用职权、玩忽职守、徇私舞弊的刑事责任。

相关规定

《中华人民共和国资产评估法》第 16 条、第 22 条、第 43 条；《中华人民共和国刑法》第 9 章；《中华人民共和国公务员法》；《事业单位工作人员处分暂行规定》。

第八章 附　　则

第五十五条　本法自 2016 年 12 月 1 日起施行。

条文主旨

本条是关于本法施行日期的规定。

条文解读

法律通过以后，就产生了法律的效力问题。法律效力包括时间效力、空间效力和对人的效力三个方面。法律的时间效力又包括法律从何时开始起生效、到何时终止生效和法律生效后有无溯及力三个问题。法律开始生效的时间，指法律从何时起开始发生约束力，法律的施行日期是法律开始生效的标志。明确规定施行日期，是法律得到有效实施所必须的。立法法第 51 条规定："法律应当明确规定施行日期。"

目前，法律中关于生效日期的规定，主要有以下三种情况：

（一）在法律条文中规定"本法自 × 年 × 月 × 日起施行"，直接规定具体的生效日期。这也是目前使用最多的方式，本法也是采取了这种方式。

（二）法律条文没有直接规定具体的生效日期，而是规定“本法自公布之日起施行”。根据立法法的规定，全国人民代表大会通过的法律、常务委员会通过的法律，由国家主席签署主席令予以公布，签署公布法律的主席令载明该法律的制定机关、通过和施行日期。目前，一般都是于全国人大或者全国人大常委会通过法律的当天由国家主席发布命令公布法律，如1989年10月31日第七届全国人民代表大会常务委员会第六次会议通过的集会游行示威法第36条规定：“本法自公布之日起施行。”同日，中华人民共和国主席令第20号公布施行。采用这种方式，多是由于情势急需，或者公布后不立即施行将有碍施行的情况，在目前的立法实践中这种方式采用不多。

（三）规定一个法律的生效日期取决于另一个法律的制定和实施时间。这种方式在立法实践中非常少见，属于一种特殊情况。1986年12月2日第六届全国人民代表大会常务委员会第十八次会议通过的《中华人民共和国企业破产法（试行）》第43条规定：“本法自全民所有制工业企业法实施满三个月之日起试行。”而全民所有制工业企业法在企业破产法（试行）通过时还尚未制定出来，因此，有意见认为采取这种方式规定的施行日期是不确定的，立法应当明确施行日期。

本法2016年7月2日通过，自2016年12月1日起施行，本法公布至施行间隔了近半年的时间。这主要是为本法的顺利实施做好充分的准备工作，对现行的法规、规章以及一些规范性文件进行清理，与本法不一致的，应当加以修改或者废止；本法规定的一些措施制度，需要一些配套规定进行具体化，有关部门应当抓紧制定有关配套规定，以及对本法的学习宣传工作等，为本法的实施创造良好的条件。

相关规定

《中华人民共和国立法法》。

附录

中华人民共和国资产评估法

（2016 年 7 月 2 日第十二届全国人民代表大会常务委员会第二十一次会议通过　2016 年 7 月 2 日中华人民共和国主席令第 46 号　自 2016 年 12 月 1 日起施行）

目　　录

第一章　总　　则

第一条　为了规范资产评估行为，保护资产评估当事人合法权益和公共利益，促进资产评估行业健康发展，维护社会主义市场经济秩序，制定本法。

第二条　本法所称资产评估（以下称评估），是指评估机构及其评估专业人员根据委托对不动产、动产、无形资产、企业价值、资产损失或者其他经济权益进行评定、估算，并出具评估报告的专业服务行为。

第三条 自然人、法人或者其他组织需要确定评估对象价值的，可以自愿委托评估机构评估。

涉及国有资产或者公共利益等事项，法律、行政法规规定需要评估的（以下称法定评估），应当依法委托评估机构评估。

第四条 评估机构及其评估专业人员开展业务应当遵守法律、行政法规和评估准则，遵循独立、客观、公正的原则。

评估机构及其评估专业人员依法开展业务，受法律保护。

第五条 评估专业人员从事评估业务，应当加入评估机构，并且只能在一个评估机构从事业务。

第六条 评估行业可以按照专业领域依法设立行业协会，实行自律管理，并接受有关评估行政管理部门的监督和社会监督。

第七条 国务院有关评估行政管理部门按照各自职责分工，对评估行业进行监督管理。

设区的市级以上地方人民政府有关评估行政管理部门按照各自职责分工，对本行政区域内的评估行业进行监督管理。

第二章　评估专业人员

第八条 评估专业人员包括评估师和其他具有评估专业知识及实践经验的评估从业人员。

评估师是指通过评估师资格考试的评估专业人员。国家根据经济社会发展需要确定评估师专业类别。

第九条 有关全国性评估行业协会按照国家规定组织实施评

估师资格全国统一考试。

具有高等院校专科以上学历的公民，可以参加评估师资格全国统一考试。

第十条 有关全国性评估行业协会应当在其网站上公布评估师名单，并实时更新。

第十一条 因故意犯罪或者在从事评估、财务、会计、审计活动中因过失犯罪而受刑事处罚，自刑罚执行完毕之日起不满五年的人员，不得从事评估业务。

第十二条 评估专业人员享有下列权利：

（一）要求委托人提供相关的权属证明、财务会计信息和其他资料，以及为执行公允的评估程序所需的必要协助；

（二）依法向有关国家机关或者其他组织查阅从事业务所需的文件、证明和资料；

（三）拒绝委托人或者其他组织、个人对评估行为和评估结果的非法干预；

（四）依法签署评估报告；

（五）法律、行政法规规定的其他权利。

第十三条 评估专业人员应当履行下列义务：

（一）诚实守信，依法独立、客观、公正从事业务；

（二）遵守评估准则，履行调查职责，独立分析估算，勤勉谨慎从事业务；

（三）完成规定的继续教育，保持和提高专业能力；

（四）对评估活动中使用的有关文件、证明和资料的真实性、准确性、完整性进行核查和验证；

（五）对评估活动中知悉的国家秘密、商业秘密和个人隐私予以保密；

（六）与委托人或者其他相关当事人及评估对象有利害关系

的，应当回避；

（七）接受行业协会的自律管理，履行行业协会章程规定的义务；

（八）法律、行政法规规定的其他义务。

第十四条 评估专业人员不得有下列行为：

（一）私自接受委托从事业务、收取费用；

（二）同时在两个以上评估机构从事业务；

（三）采用欺骗、利诱、胁迫，或者贬损、诋毁其他评估专业人员等不正当手段招揽业务；

（四）允许他人以本人名义从事业务，或者冒用他人名义从事业务；

（五）签署本人未承办业务的评估报告；

（六）索要、收受或者变相索要、收受合同约定以外的酬金、财物，或者谋取其他不正当利益；

（七）签署虚假评估报告或者有重大遗漏的评估报告；

（八）违反法律、行政法规的其他行为。

第三章 评估机构

第十五条 评估机构应当依法采用合伙或者公司形式，聘用评估专业人员开展评估业务。

合伙形式的评估机构，应当有两名以上评估师；其合伙人三分之二以上应当是具有三年以上从业经历且最近三年内未受停止从业处罚的评估师。

公司形式的评估机构，应当有八名以上评估师和两名以上股东，其中三分之二以上股东应当是具有三年以上从业经历且最近三年内未受停止从业处罚的评估师。

评估机构的合伙人或者股东为两名的，两名合伙人或者股东都应当是具有三年以上从业经历且最近三年内未受停止从业处罚的评估师。

第十六条 设立评估机构，应当向工商行政管理部门申请办理登记。评估机构应当自领取营业执照之日起三十日内向有关评估行政管理部门备案。评估行政管理部门应当及时将评估机构备案情况向社会公告。

第十七条 评估机构应当依法独立、客观、公正开展业务，建立健全质量控制制度，保证评估报告的客观、真实、合理。

评估机构应当建立健全内部管理制度，对本机构的评估专业人员遵守法律、行政法规和评估准则的情况进行监督，并对其从业行为负责。

评估机构应当依法接受监督检查，如实提供评估档案以及相关情况。

第十八条 委托人拒绝提供或者不如实提供执行评估业务所需的权属证明、财务会计信息和其他资料的，评估机构有权依法拒绝其履行合同的要求。

第十九条 委托人要求出具虚假评估报告或者有其他非法干预评估结果情形的，评估机构有权解除合同。

第二十条 评估机构不得有下列行为：

（一）利用开展业务之便，谋取不正当利益；

（二）允许其他机构以本机构名义开展业务，或者冒用其他机构名义开展业务；

（三）以恶性压价、支付回扣、虚假宣传，或者贬损、诋毁其他评估机构等不正当手段招揽业务；

（四）受理与自身有利害关系的业务；

（五）分别接受利益冲突双方的委托，对同一评估对象进行评估；

（六）出具虚假评估报告或者有重大遗漏的评估报告；

（七）聘用或者指定不符合本法规定的人员从事评估业务；

（八）违反法律、行政法规的其他行为。

第二十一条 评估机构根据业务需要建立职业风险基金，或者自愿办理职业责任保险，完善风险防范机制。

第四章 评估程序

第二十二条 委托人有权自主选择符合本法规定的评估机构，任何组织或者个人不得非法限制或者干预。

评估事项涉及两个以上当事人的，由全体当事人协商委托评估机构。

委托开展法定评估业务，应当依法选择评估机构。

第二十三条 委托人应当与评估机构订立委托合同，约定双方的权利和义务。

委托人应当按照合同约定向评估机构支付费用，不得索要、收受或者变相索要、收受回扣。

委托人应当对其提供的权属证明、财务会计信息和其他资料的真实性、完整性和合法性负责。

第二十四条 对受理的评估业务，评估机构应当指定至少两名评估专业人员承办。

委托人有权要求与相关当事人及评估对象有利害关系的评估专业人员回避。

第二十五条 评估专业人员应当根据评估业务具体情况，对评估对象进行现场调查，收集权属证明、财务会计信息和其他资料并进行核查验证、分析整理，作为评估的依据。

第二十六条 评估专业人员应当恰当选择评估方法，除依据评估执业准则只能选择一种评估方法的外，应当选择两种以上评估方法，经综合分析，形成评估结论，编制评估报告。

评估机构应当对评估报告进行内部审核。

第二十七条 评估报告应当由至少两名承办该项业务的评估专业人员签名并加盖评估机构印章。

评估机构及其评估专业人员对其出具的评估报告依法承担责任。

委托人不得串通、唆使评估机构或者评估专业人员出具虚假评估报告。

第二十八条 评估机构开展法定评估业务，应当指定至少两名相应专业类别的评估师承办，评估报告应当由至少两名承办该项业务的评估师签名并加盖评估机构印章。

第二十九条 评估档案的保存期限不少于十五年，属于法定评估业务的，保存期限不少于三十年。

第三十条 委托人对评估报告有异议的，可以要求评估机构解释。

第三十一条 委托人认为评估机构或者评估专业人员违法开展业务的，可以向有关评估行政管理部门或者行业协会投诉、举报，有关评估行政管理部门或者行业协会应当及时调查处理，并答复委托人。

第三十二条 委托人或者评估报告使用人应当按照法律规定和评估报告载明的使用范围使用评估报告。

委托人或者评估报告使用人违反前款规定使用评估报告的，评估机构和评估专业人员不承担责任。

第五章 行 业 协 会

第三十三条 评估行业协会是评估机构和评估专业人员的自律性组织，依照法律、行政法规和章程实行自律管理。

评估行业按照专业领域设立全国性评估行业协会，根据需要设立地方性评估行业协会。

第三十四条 评估行业协会的章程由会员代表大会制定，报登记管理机关核准，并报有关评估行政管理部门备案。

第三十五条 评估机构、评估专业人员加入有关评估行业协会，平等享有章程规定的权利，履行章程规定的义务。有关评估行业协会公布加入本协会的评估机构、评估专业人员名单。

第三十六条 评估行业协会履行下列职责：

（一）制定会员自律管理办法，对会员实行自律管理；

（二）依据评估基本准则制定评估执业准则和职业道德准则；

（三）组织开展会员继续教育；

（四）建立会员信用档案，将会员遵守法律、行政法规和评估准则的情况记入信用档案，并向社会公开；

（五）检查会员建立风险防范机制的情况；

（六）受理对会员的投诉、举报，受理会员的申诉，调解会员执业纠纷；

（七）规范会员从业行为，定期对会员出具的评估报告进行检查，按照章程规定对会员给予奖惩，并将奖惩情况及时报告有关评估行政管理部门；

（八）保障会员依法开展业务，维护会员合法权益；

（九）法律、行政法规和章程规定的其他职责。

第三十七条 有关评估行业协会应当建立沟通协作和信息共享机制，根据需要制定共同的行为规范，促进评估行业健康有序发展。

第三十八条 评估行业协会收取会员会费的标准，由会员代表大会通过，并向社会公开。不得以会员交纳会费数额作为其在行业协会中担任职务的条件。

会费的收取、使用接受会员代表大会和有关部门的监督，任何组织或者个人不得侵占、私分和挪用。

第六章 监督管理

第三十九条 国务院有关评估行政管理部门组织制定评估基本准则和评估行业监督管理办法。

第四十条 设区的市级以上人民政府有关评估行政管理部门依据各自职责，负责监督管理评估行业，对评估机构和评估专业人员的违法行为依法实施行政处罚，将处罚情况及时通报有关评估行业协会，并依法向社会公开。

第四十一条 评估行政管理部门对有关评估行业协会实施监督检查，对检查发现的问题和针对协会的投诉、举报，应当及时调查处理。

第四十二条 评估行政管理部门不得违反本法规定，对评估机构依法开展业务进行限制。

第四十三条 评估行政管理部门不得与评估行业协会、评估机构存在人员或者资金关联，不得利用职权为评估机构招揽业务。

第七章 法律责任

第四十四条 评估专业人员违反本法规定，有下列情形之一的，由有关评估行政管理部门予以警告，可以责令停止从业六个月以上一年以下；有违法所得的，没收违法所得；情节严重的，责令停止从业一年以上五年以下；构成犯罪的，依法追究刑事责任：

（一）私自接受委托从事业务、收取费用的；

（二）同时在两个以上评估机构从事业务的；

（三）采用欺骗、利诱、胁迫，或者贬损、诋毁其他评估专业人员等不正当手段招揽业务的；

（四）允许他人以本人名义从事业务，或者冒用他人名义从事业务的；

（五）签署本人未承办业务的评估报告或者有重大遗漏的评估报告的；

（六）索要、收受或者变相索要、收受合同约定以外的酬金、财物，或者谋取其他不正当利益的。

第四十五条 评估专业人员违反本法规定，签署虚假评估报告的，由有关评估行政管理部门责令停止从业两年以上五年以下；有违法所得的，没收违法所得；情节严重的，责令停止从业五年以上十年以下；构成犯罪的，依法追究刑事责任，终身不得从事评估业务。

第四十六条 违反本法规定，未经工商登记以评估机构名义从事评估业务的，由工商行政管理部门责令停止违法活动；有违法所得的，没收违法所得，并处违法所得一倍以上五倍以下罚款。

第四十七条 评估机构违反本法规定，有下列情形之一的，由有关评估行政管理部门予以警告，可以责令停业一个月以上六个月以下；有违法所得的，没收违法所得，并处违法所得一倍以上五倍以下罚款；情节严重的，由工商行政管理部门吊销营业执照；构成犯罪的，依法追究刑事责任：

（一）利用开展业务之便，谋取不正当利益的；

（二）允许其他机构以本机构名义开展业务，或者冒用其他机构名义开展业务的；

（三）以恶性压价、支付回扣、虚假宣传，或者贬损、诋毁其他评估机构等不正当手段招揽业务的；

（四）受理与自身有利害关系的业务的；

（五）分别接受利益冲突双方的委托，对同一评估对象进行评估的；

（六）出具有重大遗漏的评估报告的；

（七）未按本法规定的期限保存评估档案的；

（八）聘用或者指定不符合本法规定的人员从事评估业务的；

（九）对本机构的评估专业人员疏于管理，造成不良后果的。

评估机构未按本法规定备案或者不符合本法第十五条规定的条件的，由有关评估行政管理部门责令改正；拒不改正的，责令停业，可以并处一万元以上五万元以下罚款。

第四十八条 评估机构违反本法规定，出具虚假评估报告的，由有关评估行政管理部门责令停业六个月以上一年以下；有违法所得的，没收违法所得，并处违法所得一倍以上五倍以下罚款；情节严重的，由工商行政管理部门吊销营业执照；构成犯罪的，依法追究刑事责任。

第四十九条 评估机构、评估专业人员在一年内累计三次因违反本法规定受到责令停业、责令停止从业以外处罚的，有关评估行政管理部门可以责令其停业或者停止从业一年以上五年以下。

第五十条 评估专业人员违反本法规定，给委托人或者其他相关当事人造成损失的，由其所在的评估机构依法承担赔偿责任。评估机构履行赔偿责任后，可以向有故意或者重大过失行为的评估专业人员追偿。

第五十一条 违反本法规定，应当委托评估机构进行法定评估而未委托的，由有关部门责令改正；拒不改正的，处十万元以上五十万元以下罚款；情节严重的，对直接负责的主管人员和其他直接责任人员依法给予处分；造成损失的，依法承担赔偿责任；构成犯罪的，依法追究刑事责任。

第五十二条 违反本法规定，委托人在法定评估中有下列情形之一的，由有关评估行政管理部门会同有关部门责令改正；拒不改正的，处十万元以上五十万元以下罚款；有违法所得的，没收违法所得；情节严重的，对直接负责的主管人员和其他直接责任人员依法给予处分；造成损失的，依法承担赔偿责任；构成犯罪的，依法追究刑事责任：

（一）未依法选择评估机构的；

（二）索要、收受或者变相索要、收受回扣的；

（三）串通、唆使评估机构或者评估师出具虚假评估报告的；

（四）不如实向评估机构提供权属证明、财务会计信息和其他资料的；

（五）未按照法律规定和评估报告载明的使用范围使用评估报告的。

前款规定以外的委托人违反本法规定，给他人造成损失的，依法承担赔偿责任。

第五十三条 评估行业协会违反本法规定的，由有关评估行政管理部门给予警告，责令改正；拒不改正的，可以通报登记管理机关，由其依法给予处罚。

第五十四条 有关行政管理部门、评估行业协会工作人员违反本法规定，滥用职权、玩忽职守或者徇私舞弊的，依法给予处分；构成犯罪的，依法追究刑事责任。

第八章 附 则

第五十五条 本法自2016年12月1日起施行。

关于《中华人民共和国资产评估法（草案）》的说明

——2012年2月27日在第十一届全国人民代表大会常务委员会第二十五次会议上

全国人大财政经济委员会副主任委员　乌日图

委员长、各位副委员长、秘书长、各位委员：

我受全国人大财政经济委员会的委托，作关于《中华人民共和国资产评估法（草案）》（以下简称草案）的说明。

一、立法必要性和草案起草工作

资产评估是指由专业机构及人员对资产价值进行测算的市场服务行为。我国的资产评估行业随着市场经济的建立应运而生。上世纪80年代资产评估主要服务于国有企业转制过程中国有资产的产权交易。随着土地有偿转让、房屋买卖、矿产资源开发等产权交易种类的扩大，在不同行业和领域里针对特定资产的评估制度逐步建立和发展起来，目前已经形成了包括资产评估、房地产估价、土地估价、矿业权评估、旧机动车鉴定估价和保险公估在内的六大类评估专业，分别由财政部、住房和城乡建设部、国土资源部、商务部和保监会等五个部门管理。全国有各类评估机构近万家，执业注册评估师10万多人，从业人员约30万人。资产评估行业的发展对于服务产权交易、完善经济秩序、维护资产所有者和投资者权益发挥了重要作用。但是，由于缺乏行业发展的总体规划和法律规范，再加上行业多头管理、评估市场人为分割，多种行业标准和执业规范并存、行业监管薄弱，在国有产权交易、土地征用、房屋拆迁等领域出现了国有资产流失、交易价格显失公平、资产所有者权益受损、法律责任不清等问题，亟待制定专门的资产评估法律。十届全国人大以来，一些全国人大代表提出议案，有关方面也多次呼吁，要求尽快制定和出台资产评估法。中央领导同志也十分关心资产评估行业的发展，对加快立法进程、规范评估行为、加强行业管理、防止国有资产流失、促进资产评估行业健康发展多次作出重要指示。

资产评估法是十届、十一届全国人大常委会的立法规划项目。2006 年 6 月，全国人大财政经济委员会成立了资产评估法起草组，成员单位有国务院法制办、财政部、住房和城乡建设部、国土资源部、商务部等部门以及评估行业协会、部分评估机构和有关科研院所。起草组成立以来，深入开展调查研究、考察学习、专题讨论等工作，在对有关方面提出的九份资产评估法草案建议稿分析论证的基础上，于 2007 年底提出了资产评估法草案初稿。在之后的四年多时间里，起草组又多次征求各方意见，对草案反复认真修改，形成了现在提请常委会审议的法律草案。草案包括总则、注册评估师、评估机构、评估委托与报告使用、行政监管、自律组织、法律责任和附则共 8 章 59 条。

二、立法的宗旨和重点

资产评估法的立法宗旨是：规范资产评估行为，保护资产评估当事人合法权益和公共利益，促进资产评估行业健康发展，维护社会主义市场经济秩序。在草案起草工作中，我们重点把握了以下四个方面：

第一，明确资产评估当事人的权利义务，规范资产评估行业基本制度。明确注册评估师、评估机构、委托人的权利义务和他们之间的法律关系，将制定评估基本准则、资格考试制度、执业注册制度、行业监管制度、行业自律制度等作为立法重点，对评估业务的专业性、操作性问题仅做原则性规定。

第二，坚持资产评估行业的市场属性，既要符合国情又要与国际通行准则接轨。明确资产评估行业是一个以市场价值理念为基础的综合性中介服务行业的定位，坚持市场配置资源的原则。资产评估立法既要充分考虑我国社会主义市场经济发展的要求和资产评估行业发展的现状，也要借鉴成熟市场经济国家的经验，反映国际评估准则的基本精神，还要适应行业发展趋势，具有一定的前瞻性。

第三，建立部门协调配合机制，逐步完善行政管理体制。针对目前政出多门、执业标准不统一的问题，按照“统分结合”的原则，在实行统一市场准入、统一基本准则和统一法律责任的基础上，实行不同评估类别之间既有区别也有融合、各有关行政管理部门在协调配合机制框架下的部门分工负责制，明确行业自律职责和监管责任，为今后进一步理顺资产评估行业管理体制、促进行业健康发展奠定基础。

第四，加强行政监管，增强行业自律。资产评估不仅涉及资产所有者或交易当事人权益，在很多情况下还涉及国家利益和社会公众利益，必须加强对评估行业的行政监管，增强行业自律能力。行政监督重点放在加强注册评估师和评估机构的资格资质以及依法执业的管理。注册评估师和评估机构遵守执业准则、职业信用的监督以及注册评估师的资格考试、执业注册、后续教育的组织实施等应更多地发挥行业自律组织的作用。

三、草案的主要内容

（一）关于评估业务分类。草案规定“资产评估业务包括不动产评估、动产评估、无形资产评估、企业价值评估和其他经济权益的评估”（第二条）。其中，企业价值评估并不是企业单项资产价值评估的简单加总，而是更多地考虑企业各项资产组合和管理方式的协同效应以及外部因素来确定企业价值的一类评估业务。上述分类既参考了国际通行的资产评估业务分类方法，也考虑了我国的现实需要和未来发展，为评估专业划分提供了参考依据。

（二）关于法定评估。一般来说，某资产是否需要评估，取决于资产所有者和资产交易双方的意愿。对于特定资产评估，如国有资产、涉及公共利益的资产等相关法律规定必须委托评估的，称为法定评估。考虑到相关法律法规如公司法、证券法、国有资产评估管理办法等已有这方面的规定，草案没有采用逐项列举的方式，而是原则性规定了“涉及国有资产产权变动和公共利益，并且法律、行政法规规定需要评估的，应当依法委托评估机构进行评估”（第三条）。对于法定评估，草案还特别规定“应当依法采用公开方式选择评估机构”（第三十条）。

（三）关于评估基本准则。评估基本准则是资产评估行业从业人员的执业指南，也是判断有关各方责任的重要依据。大多数评估行业比较成熟的市场经济国家，都有一个比较权威的评估准则。我国资产评估行业处在起步阶段，发展也比较分散，虽然在各自专业领域实施了一些准则、标准或规范，但存在着基本制度、规则不统一，政策、标准不一致的问题，需要制定全国统一的资产评估行业基本准则。因此，草案明确规定由国务院财政主管部门会同其他相关行政主管部门“制定统一的评估基本准则，包括执业基本准则和职业道德准则”（第三十六条），各专业类别的评估执业准则和有关标准由各资产评估行业管理部门制定实施。

（四）关于注册评估师。为了规范注册评估师管理制度，保证评估执业质量，草案设计了注册评估师资格考试和执业注册两项制度：一是“国家实行注册评估师资格全国统一考试制度”(第九条)。要取得注册评估师执业资格，必须首先通过全国统一的注册评估师资格考试。对于高等院校评估专业毕业的学生，草案提出“完成经国务院资产评估行业管理部门认可的高等院校资产评估专业课程，取得学士以上学位的人员，可以免试相关科目”（第十条)；二是“国家实行注册评估师执业注册制度”（第十一条)。注册评估师资格考试合格者，经过两年以上的评估工作实践，向资产评估行业自律组织申请执业注册，经审查符合条件者获得注册评估师执业证书。

（五）关于评估机构。评估机构是指具备相应资质条件，依法设立并从事评估业务的专业机构。草案提出，“设立评估机构，应当依法采用合伙或者公司形式”（第二十条)。这样规定主要是考虑到注册评估师的工作类似职业律师和会计师，其机构的组织形式符合资产评估行业的职业特点。为了严格评估机构的准入，草案还规定，“设立评估机构，应当经省级以上人民政府资产评估行业管理部门核准，由工商行政管理部门办理登记”（第二十一条)。

（六）关于评估委托人。为了保证评估过程的独立公正和评估报告的客观准确，要明确评估委托人的权利和义务。在权利方面草案规定了“委托人根据评估对象和评估目的有权自主选择具有相应资质的评估机构执行评估业务”（第三十条)，“委托人有权要求与评估当事人有利害关系的注册评估师回避”（第三十一条）等。在义务方面草案规定了“委托人应当与评估机构签订委托合同”（第三十条)，“委托人应当按照委托合同约定和法律规定使用评估报告”（第三十五条）等。

（七）关于执业风险防范。在评估过程中，由于评估原因造成相关当事人经济损失带来的赔偿责任，往往是评估师和评估机构难以负担的，因而国际评估行业普遍采取购买职业责任保险的做法。购买职业责任保险可以增强评估机构和评估师的风险防范能力，确保有关民事赔偿责任的落实，保护相关当事人的利益。同时，还应该允许评估机构建立执业风险基金。为此，草案规定“评估机构应当办理职业责任保险。评估机构可以建立执业风险基金。”（第二十八条）。

（八）关于行政管理体制。理顺资产评估行业的行政管理体制是草案起草过程中一直存在分歧和争议的难点问题，有关方面各持己见，难以达成一致。从国际资产评估行业的发展趋势看，统一管理是方向。立法既要立足我国资产评估行业行政管理体制的实际情况，也应该体现未来逐步走向统一管理的趋势。起草组与中编办、国务院法制办、财政部、住房和城乡建设部、国土资源部等有关部门经过多次协调，提出了各方面都能够接受的“统分结合”的行政管理体制改革思路。按照这一思路，草案设计了“国务院建立资产评估行业管理协调配合机制，负责协调和指导资产评估行业发展”，“国务院资产评估行业管理部门在资产评估行业管理协调配合机制框架下，负责监督管理资产评估行业”（第六条）的管理体制，并进一步明确了资产评估行业管理协调配合机制，由国务院财政主管部门会同相关行政主管部门组织实施（第三十六条）。

（九）关于行政监管和行业自律。为了规范行政监管和行业自律，草案对行业管理部门和行业自律组织的职责范围分别作了规定：行政监管重在制定管理制度、制定执业准则、实施市场准入管理、监督法律的实施、对违法行为实施处罚等（第五章）；行业自律重在组织实施考试和执业注册、组织后续教育、调解会员纠纷、受理会员申诉、鉴定评估报告等（第六章）。同时规定资产评估行业自律组织要接受资产评估行业管理部门的监督（第六条）。

（十）关于法律责任。资产评估当事人承担的法律责任包括民事责任、行政责任和刑事责任三类，责任主体不仅有注册评估师、评估机构，还有委托人、行业管理部门及自律组织等，草案对各种主体、各类责任均作了相应规定（第七章）。

《中华人民共和国资产评估法（草案）》和以上说明是否妥当，请审议。

全国人民代表大会法律委员会关于《中华人民共和国资产评估法（草案）》修改情况的汇报

全国人民代表大会常务委员会：

十一届全国人大常委会第二十五次会议对资产评估法（草案）进行了初次审议。会后，法制工作委员会将草案印发各省（区、市）和中央有关部门、部分企业、高等院校等单位征求意见。中国人大网站全文公布草案，向社会征求意见。法律委员会、财政经济委员会和法制工作委员会联合召开座谈会，听取有关部门、行业协会和评估机构的意见。法律委员会、法制工作委员会还到江苏、广东和北京调研，并就主要问题同财政经济委员会、国务院法制办公室、财政部、国土资源部、住房和城乡建设部、商务部、保险监督管理委员会等部门交换意见，共同研究。法律委员会于7月30日召开会议，根据常委会组成人员的审议意见和各方面意见，对草案进行了逐条审议。财政经济委员会、国务院法制办公室、财政部有关负责同志列席了会议。8月20日，法律委员会召开会议，再次进行审议。法律委员会认为，草案在初次审议中和审议之后，常委委员和各有关方面对资产评估的管理体制，政府管理与行业协会自律的关系，注册评估师的资格考试、执业注册和设立评估机构的多头审批，以及对注册评估师、评估机构如何规范等提出了许多修改意见和建议。经对这些意见和建议深入研究，根据党的十八大以及国务院机构改革和职能转变方案关于深化行政体制改革的精神和政社分开的要求，对草案作了修改完善。现将资产评估法（草案）主要问题的修改情况汇报如下：

一、草案第十条第三款规定，参加注册评估师资格全国统一考试成绩合格人员，取得国务院资产评估行业管理部门统一印制的考试成绩合格证书；第十三条规定，注册评估师执业注册，颁发由国务院资产评估行业管理部门统一印制的执业证书。有的常委委员、地方和部门提出，在资产评估行业管理中应充分发挥行业协会的作用，明确由行业协会负责颁发注册评估师资格考试成绩合格证书，并实施执业注册，同时加强对执业注册的监督。法律委员会经研究，建议对草案作如下修改：一是将草案第十条第三款的上述规定修改为："考试成绩合格的，由有关资产评估行业协会颁发成绩合格证书。"（草案二次审议稿第十一条）二是将草案第十三条的上述规定修改为：有关资产评估行业协会"准予注册的，颁发注册评估师执业证书，并报国务院有关资产评估行政管理部门备案。有关资产评估行政管理部门发现注册不符合本法规定的，应当通知资产评估行业协会依法撤销注册。"（草案二次审议稿第十四条第一款）

二、草案第二十一条规定："设立评估机构，应当经省级以上人民政府资产评估行业管理部门核准，由工商行政管理部门办理登记。"有的常委委员、地方和部门提出，根据改革工商登记制度的精神，不应当对设立评估机构规定前置许可，但要明确设立评估机构的法定条件，并加强事后监管。法律委员会经研究，建议对草案作如下修改：一是删去设立评估机构需经资产评估行业管理部门核准的规定，将这一条修改为："设立评估机构，应当向工商行政管理部门申请办理登记。评估机构应当自领取营业执照之日起三十日内向有关资产评估行政管理部门备案。有关资产评估行政管理部门应当将评估机构备案情况向社会公告；发现评估机构不符合本法规定条件的，应当通报工商行政管理部门依法处理。”（草案二次审议稿第二十二条）二是明确设立评估机构的条件，增加规定：“采用合伙形式设立评估机构，应当有两名以上注册评估师；其合伙人三分之二以上应当是具有三年以上执业经历且最近三年内未受停止执业处罚的注册评估师。”“采用公司形式设立评估机构，应当有八名以上注册评估师和两名以上股东，其中三分之二以上股东应当是具有三年以上执业经历且最近三年内未受停止执业处罚的注册评估师。”“评估机构的合伙人或者股东为两名的，两名合伙人或者股东都应当是具有三年以上执业经历且最近三年内未受停止执业处罚的注册评估师。”（草案二次审议稿第二十一条第二款至第四款）

三、有的常委委员、地方和评估机构提出，应当按照简政放权、政社分开，充分发挥行业协会作用的要求，将草案规定的由政府部门管理的部分事项交由行业协会承担，进一步明确政府部门的职责；同时，资产评估行业还可以探索一业多会，促进行业协会的自身建设和健康有序发展。法律委员会经研究，建议对草案作如下修改：一是将草案第三十六条、第三十七条规定的政府部门职责予以梳理、简化，修改为“国务院财政部门会同有关行政管理部门组织制定注册评估师职业道德准则、注册评估师资格全国统一考试办法和执业管理办法、评估机构管理办法”（草案二次审议稿第四十三条）；同时明确“省级以上人民政府有关资产评估行政管理部门依据各自职责，负责监督资产评估行业自律管理，对注册评估师和评估机构的违法行为依法实施处罚。”（草案二次审议稿第四十四条）二是明确“资产评估行业可以按照不同领域依法设立行业协会，实行自律管理，接受有关资产评估行政管理部门的监督。”（草案二次审议稿第六条）三是规定

"有关资产评估行业协会应当建立沟通协作和信息共享机制，根据需要制定共同的行为规范，促进资产评估行业健康有序发展。"（草案二次审议稿第四十一条）四是加强对行业协会会费的管理，规定："资产评估行业协会收取会员会费的标准，由会员代表大会通过，报国务院有关资产评估行政管理部门备案，并向社会公开。不得以会员交纳会费数额作为其在行业协会中担任职务的条件。""会费的收取、使用接受会员代表大会和有关资产评估行政管理部门的监督，任何组织、个人不得侵占、私分和挪用。"（草案二次审议稿第四十二条）五是将草案第六章"自律组织"的章名修改为"行业协会"，并将这一章与第五章"行政监管"的顺序作了调整。

四、草案第十条第二款规定："完成经国务院资产评估行业管理部门认可的高等院校资产评估专业课程，取得学士以上学位的人员，可以免试相关科目。"有的常委委员、地方和社会公众提出，注册评估师的准入应从严掌握，不应对一些人员规定免试。法律委员会经研究，建议删去这一款规定。

五、有的常委委员、地方和社会公众提出，应当加强对注册评估师在执业活动中的规范，强化其义务和责任。法律委员会经研究，建议对草案作如下修改：一是明确"注册评估师应当按照其注册的专业类别执业，并且只能在一个评估机构执业。"（草案二次审议稿第十六条）二是细化了注册评估师的义务和责任，规定注册评估师应当"诚实守信，依法独立、客观、公正执业"、"遵守评估准则和有关标准，履行调查职责，独立分析估算，勤勉谨慎执业"；不得"采用欺骗、利诱、胁迫等不正当手段招揽业务"、"签署本人未参与项目的评估报告"等。（草案二次审议稿第十八条、第十九条）三是规定有关资产评估行政管理部门或者行业协会对于针对注册评估师的投诉、举报应当及时调

查处理。（草案二次审议稿第三十三条第二款）

六、草案第二十八条规定，评估机构应当办理职业责任保险，可以建立执业风险基金。有的常委委员、地方和部门提出，评估机构建立执业风险管理制度是必要的，但对建立职业责任保险的必要性、可行性各方面意见不一致，不宜在法律中强制要求其办理职业责任保险。法律委员会经研究，建议将这一条修改为："评估机构应当按照规定建立执业风险基金。"（草案二次审议稿第二十九条）

七、有的常委委员、地方和社会公众提出，评估行业属于专业服务领域，对注册评估师、评估机构的违法行为还应当通过将处罚情况记入信用档案等措施强化监督；同时应进一步细化法律责任的规定，明确暂停执业、停业处罚的具体期限，以增强法律的可操作性。法律委员会经研究，建议对草案作如下修改：一是规定："注册评估师、评估机构有本法第五十条至第五十三条规定的违法行为的，由有关资产评估行政管理部门将处罚情况通报有关资产评估行业协会，由其记入信用档案，并向社会公开。注册评估师因违法执业被记入信用档案累计至三次的，由有关资产评估行业协会注销注册评估师执业证书并予以公告。"（草案二次审议稿第五十四条）相应删去草案第四十七条、第四十八条中对有违法行为的注册评估师予以罚款的规定。二是明确了草案第四十七条至第五十条中注册评估师、评估机构暂停执业、停业的具体期限，根据违法行为的具体情形，分别规定了"三个月以上六个月以下"、"一个月以上六个月以下"、"六个月以上一年以下"等不同期限。（草案二次审议稿第五十条至第五十三条）

八、草案第五十七条规定："国家可以根据需要设立公职评估机构。公职评估机构的管理办法，由国务院另行制定。"有的常委委员、部门和社会公众提出，"公职评估"的含义不清，如果是指政府部门设立的非营利性的价格鉴证等机构，其性质不属于评估中介机构，本法可不作规定。法律委员会经研究，建议删去这一条规定。

此外，还对草案二次审议稿作了一些其他修改。

草案二次审议稿已按上述意见作了修改，法律委员会建议提请本次常委会会议继续审议。

草案二次审议稿和以上汇报是否妥当，请审议。

全国人民代表大会法律委员会

2013 年 8 月 26 日

全国人民代表大会法律委员会关于《中华人民共和国资产评估法（草案）》修改情况的汇报

全国人民代表大会常务委员会：

常委会第四次会议于2013年8月对资产评估法（草案）进行了再次审议。会后，中国人大网全文公布草案二次审议稿，再次征求社会公众意见。法律委员会、法制工作委员会召开座谈会，听取有关部门、行业协会、评估机构、委托人和专家的意见。法律委员会、法制工作委员会还到北京、天津、安徽和福建调研，并就草案中的主要问题与有关部门交换意见，共同研究。法律委员会于7月24日召开会议，根据常委会组成人员的审议意见和各方面意见，对草案进行了审议。财政经济委员会、国务院法制办公室、财政部、国土资源部的负责同志和住房和城乡建设部、商务部、保险监督管理委员会有关同志列席了会议。8月18日，法律委员会召开会议，再次进行审议。法律委员会认为，草案二审以来，国务院分批取消了资产评估师、土地估价师、矿业权评估师、保险公估从业人员等职业资格准入，同时中央办公厅、国务院办公厅印发了《行业协会商会与行政机关脱钩总体方案》。草案的修改应当贯彻改革精神，重点规范评估师和评估机构从业行为，对意见分歧大的问题，能取得一致意见的，予以修改，不能取得一致意见的，暂不修改。现将资产评估法（草案二次审议稿）主要问题的修改情况汇报如下：

一、草案二次审议稿第五条第一款规定，评估师和评估机构执业必须遵守法律、行政法规和评估准则。有的常委委员提出，评估师、评估机构作为专业人员和机构，除应当遵守法律法规和评估准则外，还应当遵循独立、客观、公正的执业原则，建议予以明确。法律委员会经研究，建议将上述规定修改为：评估师执业、评估机构开展业务应当遵守法律、行政法规和评估准则，遵循独立、客观、公正的原则。（草案三次审议稿第五条第一款）

二、草案二次审议稿第七条第一款规定，国务院建立由财政部门牵头的资产评估行业管理协调配合机制，负责协调和指导评估行业发展。有的常委委员、部门、行业协会和社会公众提出，按照目前的管理体制，评估行业由财政部、国土资源部、住房和城乡建设部、商务部、保险监督管理委员会五个部门分别管理，建议还是明确由各个部门按照职责分别管理。法律委员会经研究认为，建立评估行业管理协调配合机制有利于解决多头管理的问题，但鉴于目前有关部门意见分歧比较大，同时考虑到各评估专业类别虽然同属评估行业，但也有其自身的专业特点，为最大程度取得共识，建议暂不改变目前分别管理的体制，删去建立协调配合机制的规定，同时相应将草案二次审议稿第四十三条关于国务院财政部门会同有关部门组织制定评估机构等管理办法的规定，修改为由有关部门分别制定。（草案三次审议稿第七条、第四十条）

三、草案二次审议稿第十二条规定，国家实行评估师执业注册制度，未经注册不得执业。有的部门、行业协会提出，国务院已经取消了有关评估师的职业资格准入，改为实行水平评价类职业资格管理，只有房地产估价师的职业资格准入因为有城市房地产管理法的依据而予以保留，草案应当与这一改革要求相适应。有的常委委员提出，评估师是提供专业服务的人员，取消职业资格准入后，对可以从事评估业务的人员仍然要有一定的要求，同时应当加强对评估师职业资格考试的管理，对考试的组织、考试办法的制定等作出明确规定。法律委员会经研究，建议作如下修改：一是将第二章章名由“注册评估师”修改为“评估师”，相应删去有关评估师执业注册的规定，明确国家对评估师实行水平评价类职业资格管理制度，法律另有规定的，依照其规定。二是明确评估师职业资格全国统一考试由有关全国性评估行业协会负责组织实施，考试办法由国务院人力资源主管部门会同国务院有关资产评估行政管理部门制定。三是明确具有高等院校专科以上学历的公民，可以自愿申请参加评估师职业资格全国统一考试；考试成绩合格的，由有关全国性评估行业协会颁发评估师职业资格证书。四是明确因故意犯罪或者在从事评估、财务、会计、审计活动中因过失犯罪而受刑事处罚，自刑罚执行完毕之日起不满五年的人员，不得从事评估业务。（草案三次审议稿第二章章名、第九条、第十条第二款、第十一条、第十三条）

四、草案二次审议稿第十九条、第二十八条规定，评估师、评估机构不得签署、出具虚假评估报告。有的常委委员提出，只规定不得签署、出具虚假评估报告不够全面，还应当增加不得签署、出具有重大遗漏的评估报告的规定，以与公司法等法律的相关规定衔接。法律委员会经研究，建议将上述规定修改为：评估师、评估机构不得签署、出具虚假评估报告或者有重大遗漏的评估报告。同时，对法律责任作相应修改。（草案三次审议稿第十六条第七项、第二十二条第六项、第四十七条、第四十九条）

五、有的常委委员提出，评估程序对于保证科学、公正开展评估业务非常重要，建议第四章进一步细化评估程序规范，并将该章章名修改为“评估程序”。法律委员会经研究，建议对第四章章名作相应修改，并增加如下程序性规定：一是对受理的评估业务，评估机构应当指定两名以上评估师承办。二是评估师应当根据评估业务具体情况，对评估对象进行现场调查，收集权属证明、财务会计信息和其他资料并进行核查和验证，在分析、归纳和整理的基础上，形成评估的依据。三是评估师应当分析有关评估方法的适用性，除依据评估准则只能选择一种评估方法的外，恰当选择两种以上评估方法，在综合比较的基础上，形成评估结论，编制评估报告。四是评估机构应当对评估报告进行内部审核。（草案三次审议稿第四章章名、第二十六条第一款、第二十七条、第二十八条）

六、有的常委委员、部门建议根据改革精神，规定资产评估行政管理部门应当与评估行业协会脱钩，并加强对评估行业协会的监管。有的常委委员建议对评估行业协会的设立问题予以明确。法律委员会经研究，建议增加如下规定：一是评估行业按照专业领域设立全国性评估行业协会，根据需要设立地方性评估行业协会。二是国务院有关资产评估行政管理部门组织制定评估行业协会管理办法。三是资产评估行政管理部门不得与评估行业协会存在人员或者资金关联。（草案三次审议稿第三十四条第二款、第四十条、第四十四条）

七、草案二次审议稿第四十条规定，评估行业协会对会员进行自律管理，建立会员信用档案并向社会公开。有的常委委员建议进一步强化行业协会对会员的自律管理，完善信用档案制度和评估报告监督检查制度。法律委员会经研究，建议增加规定：评估行业协会将会员遵守法律、行政法规和评估准则的情况记入信用档案，定期对会员签署或者出具的评估报告进行检查。（草案三次审议稿第三十七条第一款第五项、第八项）

此外，还对草案二次审议稿作了一些文字修改。

草案三次审议稿已按上述意见作了修改，法律委员会建议提请本次常委会会议继续审议。

草案三次审议稿和以上汇报是否妥当，请审议。

全国人民代表大会法律委员会

2015年8月24日

全国人民代表大会法律委员会关于《中华人民共和国资产评估法（草案）》审议结果的报告

全国人民代表大会常务委员会：

常委会第十六次会议对资产评估法（草案三次审议稿）进行了审议。会后，法制工作委员会在中国人大网全文公布草案三次审议稿，第三次征求社会公众意见。法律委员会、法制工作委员会召开座谈会，听取有关部门、评估行业协会、评估机构、委托人和专家的意见；还到上海、山东调研，并就草案中的主要问题与有关部门交换意见，共同研究。法律委员会于5月30日召开会议，根据常委会组成人员的审议意见和各方面意见，对草案进行了审议。财政经济委员会、国务院法制办公室、财政部、国土资源部、住房和城乡建设部有关负责同志列席了会议。6月13日，法律委员会召开会议，再次进行审议。法律委员会认为，为了规范资产评估行为，保护资产评估当事人合法权益和公共利益，促进资产评估行业健康发展，维护社会主义市场经济秩序，制定本法是必要的，草案经过三次审议修改，已经比较成熟。同时，提出以下主要修改意见：

一、草案三次审议稿第八条第一款规定，评估师是指依法取得职业资格证书，加入评估机构从事评估业务的专业人员。第九条规定，国家对评估师实行水平评价类职业资格管理制度，法律另有规定的，依照其规定。有的常委委员提出，国务院已经取消了对有关评估师职业资格的行政许可，评估师以外的评估专业人员也可以从事评估业务，建议草案进一步予以体现。也有的常委委员和社会公众提出，有些评估业务涉及国有资产和公共利益，对开展这些业务的从业人员应当严格要求。法律委员会经研究认为，应当体现行政审批制度改革精神，放开评估从业人员的准入门槛，允许评估师以外的具有评估专业知识及实践经验的人员在评估机构中从事评估业务；同时，考虑到我国一些法律和行政法规规定了应当进行评估的事项，范围涉及国有资产和公共利益等，对这些法定评估业务，为维护国有资产安全和公共利益，应当要求由评估师承办。据此，建议作以下修改：一是将第八条第一款修改为："评估专业人员包括评估师和其他具有评估专业知识及实践经验的评估从业人员"，评估专业人员依法从事评估业务，签署评估报告，并删去第九条规定。同时将第二章章名及有关条款中的"评估师"相应修改为"评估专业人员"。二是规定涉及国有资产或者公共利益等事项，法律、行政法规规定需要评估的业务，即法定评估业务，评估机构应当指定两名以上评估师承办并签署评估报告。（草案四次审议稿第八条第一款、第三十二条第二款）

二、草案三次审议稿第十条中规定，国家实行评估师职业资格全国统一考试制度，考试办法由国务院人力资源主管部门会同评估行政管理部门制定。有的部门、评估行业协会提出，评估师资格考试要与评估从业人员资格管理改革相适应，建议明确评估师资格考试由相关全国性评估行业协会按照国家有关规定组织进行。法律委员会经研究，赞成上述意见，建议将这一条修改为："有关全国性评估行业协会按照国家规定组织实施评估师资格全国统一考试。"（草案四次审议稿第九条第一款）

三、草案三次审议稿第七条规定，省级以上有关评估行政管理部门按照职责分工，对评估行业进行监督管理。有的常委委员、部门提出，我国评估行业发展很快，现有评估师13万余人、评估从业人员60万余人，评估机构1.4万余家，仅靠省级以上政府部门进行监管是不够的。实践中有的地方已将房地产评估、旧机动车评估等的监管权下放到地市级，这也与目前简政放权改革精神一致，建议草案予以体现。法律委员会经研究，建议将评估行业监管部门的层级由“省级以上”修改为“设区的市级以上”。（草案四次审议稿第七条第二款）

四、有的地方提出，放开对有关评估从业人员资格的行政许可后，应当进一步强化评估机构对本机构评估专业人员的管理责任。法律委员会经研究，建议增加规定：“评估机构应当建立健全内部管理制度，对本机构的评估专业人员遵守法律、行政法规和评估准则的情况进行监督，并对其从业行为负责。”对评估机构违反这一规定的，给予相应行政处罚。同时，明确：“评估专业人员违反本法规定，给委托人或者其他相关当事人造成损失的，由其所在的评估机构依法承担赔偿责任。评估机构履行赔偿责任后，可以向有故意或者重大过失行为的评估专业人员追偿。”（草案四次审议稿第十七条第二款、第四十七条第一款、第五十条）

五、草案三次审议稿第二十三条规定，评估机构应当按照规定建立执业风险基金。有的常委委员、部门、评估行业协会提出，实践中一些评估机构选择购买职业责任保险来代替执业风险基金，草案应予体现。法律委员会经研究，建议将这一条修改为：“评估机构根据业务需要建立职业风险基金，完善风险防范机制；或者自愿办理职业责任保险。”（草案四次审议稿第二十一条）

六、草案三次审议稿第三十条规定，评估档案的保存期限不少于十五年。有的常委委员建议延长涉及国有资产等法定评估业务的档案保存期限。法律委员会经研究，建议增加规定："法定评估业务的评估档案的保存期限不少于三十年。"（草案四次审议稿第三十二条第三款）

七、有的部门提出，本法强化了行业协会的管理职责，按照权责一致的原则，对行业协会违反本法的行为，应当增加规定相应的法律责任，以加强对行业协会的监督。法律委员会经研究，建议在"法律责任"一章中增加一条规定："评估行业协会违反本法规定的，由有关评估行政管理部门给予警告、责令改正；拒不改正的，可以通报登记管理机关，由其依法给予处罚。"（草案四次审议稿第五十三条）

此外，还对草案三次审议稿作了一些文字修改。

6月7日，法制工作委员会召开会议，邀请部分全国人大代表、全国政协委员、专家和评估机构、评估行业协会、基层评估行政管理部门的代表就草案中主要制度规范的可行性、出台时机、实施的社会效果和可能出现的问题等进行评估。普遍认为，评估行业专业性强，应当通过立法规范评估机构及其从业人员的执业行为，保护评估当事人合法权益和公共利益。草案立足于规范评估行为，明确评估专业人员和评估机构的权利、义务和责任；体现行政审批制度改革精神，放开从业人员的资格准入，将评估机构的设立审批改为事后备案，同时为保护国有资产和维护公共利益，对法定评估业务作出严格要求，将改革的要求和现实的需要有机结合；贯彻"政社分开"要求，明确行业协会在自律管理方面的责任，对于促进评估行业健康发展，维护社会主义市场经济秩序，推进国有企业和国有资产管理体制改革具有重要意义。草案经过多次修改已经比较成熟，具有较强的针对性和可操作性，现在出台是必要的、适时的，建议尽快审议通过。与会人员还对草案提出了一些具体修改意见，法律委员会进行了认真研究，对有的意见予以采纳。

草案四次审议稿已按上述意见作了修改，法律委员会建议提请本次常委会会议审议通过。

草案四次审议稿和以上报告是否妥当，请审议。

全国人民代表大会法律委员会

2016 年 6 月 27 日

全国人民代表大会法律委员会关于《中华人民共和国资产评估法（草案四次审议稿）》修改意见的报告

全国人民代表大会常务委员会：

本次常委会会议于6月27日下午对资产评估法（草案四次审议稿）进行了分组审议，普遍认为，草案已经比较成熟，建议进一步修改后，提请本次会议通过。同时，有些常委会组成人员还提出了一些修改意见。法律委员会于6月29日上午召开会议，逐条研究了常委会组成人员的审议意见，对草案进行了审议。财政经济委员会、国务院法制办公室、财政部、国土资源部、住房和城乡建设部有关负责同志列席了会议。法律委员会认为，草案是可行的，同时，提出以下修改意见：

一、草案四次审议稿第六条规定，评估行业可以按照专业领域依法设立行业协会，实行自律管理，接受有关评估行政管理部门的监督。有的常委委员建议增加评估行业协会接受社会监督的规定。法律委员会经研究，建议将这一条中的“接受有关评估行政管理部门的监督”修改为：“接受有关评估行政管理部门的监督和社会监督”。（草案建议表决稿第六条）

二、草案四次审议稿第三十条规定，委托人认为评估机构或者评估专业人员违法开展业务的，可以向有关评估行政管理部门或者行业协会投诉、举报，有关评估行政管理部门或者行业协会应当及时调查处理。有的代表建议增加有关评估行政管理部门或者行业协会应当向委托人反馈调查处理结果的规定。法律委员会经研究，建议将这一条中的“有关评估行政管理部门或者行业协会应当及时调查处理”修改为：“有关评估行政管理部门或者行业协会应当及时调查处理，并答复委托人”。（草案建议表决稿第三十一条）

三、有的常委委员建议增加评估行业协会公布评估机构和评估专业人员名单的规定，以便接受社会监督。法律委员会经研究，建议在第三十五条中增加规定：“有关评估行业协会公布加入本协会的评估机构、评估专业人员名单。”（草案建议表决稿第三十五条）

四、草案四次审议稿第四十条规定，有关评估行政管理部门对评估机构和评估专业人员的违法行为实施处罚，并将处罚情况通报有关评估行业协会。有的常委委员提出，应当加强社会对评估行业的监督，有关评估行政管理部门的处罚情况还应当向社会公开。法律委员会经研究，建议将这一条中的“并将处罚情况通报有关评估行业协会”修改为：“将处罚情况及时通报有关评估行业协会，并依法向社会公开”。（草案建议表决稿第四十条）

五、草案四次审议稿第四十二条规定，评估行政管理部门不得对评估机构依法开展业务进行不合理限制。有的常委委员提出，“不合理限制”的表述比较模糊，建议界定清楚。法律委员会经研究，建议将这一条修改为：“评估行政管理部门不得违反本法规定，对评估机构依法开展业务进行限制。”（草案建议表决稿第四十二条）

六、草案四次审议稿第四十四条、第四十五条、第四十八条等规定了评估专业人员、评估机构签署、出具虚假评估报告或者有重大遗漏的评估报告等违法行为的法律责任。有些常委委员建议区分签署虚假评估报告和签署有重大遗漏的评估报告两种违法行为的法律责任，加大对评估违法行为的惩处力度，对严重违法行为增加终身禁业的规定。法律委员会经研究，建议作以下修改：一是将第四十四条中规定的“责令停止从业三个月以上六个月以下”、“责令停止从业六个月以上五年以下”分别修改为：“责令停止从业六个月以上一年以下”、“责令停止从业一年以上五年以下”。二是将签署虚假评估报告和签署有重大遗漏的评估报告两种违法行为的法律责任予以区分，对签署虚假评估报告的违法行为加大惩处力度，将第四十五条修改为：“评估专业人员违反本法规定，签署虚假评估报告的，由有关评估行政管理部门责令停止从业两年以上五年以下；有违法所得的，没收违法所得；情节严重的，责令停止从业五年以上十年以下；构成犯罪的，依法追究刑事责任，终身不得从事评估业务。”同时，将第四十五条、第四十八条中规定的评估专业人员、评估机构签署、出具有重大遗漏的评估报告的情形分别移至第四十四条、第四十七条第一款中作出规定。（草案建议表决稿第四十四条、第四十五条、第四十七条第一款）

此外，根据常委委员的审议意见，还对草案四次审议稿作了一些文字修改。

在常委会审议中，有些常委委员提出，要对评估的标准和程序作进一步规定，如应当明确评估报告的基本要素、格式、使用期限和范围等。还有的建议对加强行政监管和行业自律作出细化规定。法律委员会经研究认为，资产评估行业涉及多个部门分别管理的企业价值评估、土地和矿业权评估、房地产评估等六大专业领域，各个领域在评估的具体要求上有所差别，本法主要是规定一般共性的内容，上述意见涉及的问题可以在本法实施的配套规定中进一步明确。有的常委委员还提出，在法律的实施中要把握好严格行业管理与落实行政审批制度改革精神的关系，把握好强化行业自律与完善政府监管的关系，把握好规范评估行为与体现评估专业区别的关系；要定期对法律实施情况进行跟踪评估。法律委员会建议，有关方面在法律实施过程中，要认真研究常委委员的上述意见，抓紧制定完善有关配套规定，加强法律宣传，切实保障法律的贯彻施行。

草案建议表决稿已按上述意见作了修改，法律委员会建议本次常委会会议通过。

草案建议表决稿和以上报告是否妥当，请审议。

全国人民代表大会法律委员会

2016 年 7 月 1 日

十一届全国人大常委会第二十五次会议审议资产评估法草案的意见

2012年2月29日，十一届全国人大常委会第二十五次会议对资产评估法草案（以下简称草案）进行了初次审议。委员们普遍认为，制定资产评估法，对规范资产评估行为，保护当事人合法权益和公共利益，防止国有资产流失，促进资产评估行业健康发展，是必要的。同时，提出以下意见：

一、关于本法调整范围和法定评估

草案第二条规定，资产评估业务包括不动产评估、动产评估、无形资产评估、企业价值评估和其他经济权益评估。有的委员提出，评估专业性强，各类评估差别较大，国外的资产评估法通常只针对某一类资产予以规范，本法是否应当将上述评估业务都纳入调整范围，建议研究。有些委员提出，为防止国有资产流失，本法应重点规范国有资产评估行为。有的委员建议增加资源资产评估；有的代表建议将价格鉴证纳入本法调整范围；有的委员建议明确知识产权评估、文物评估是否属于本法的调整范围。

草案第三条第二款规定，涉及国有资产产权变动和公共利益，并且法律、行政法规规定需要评估的，应当依法委托评估机构进行评估。有的委员建议，对必须委托评估机构评估的事项，在草案中进行列举。有的委员建议将“并且”改为“或者”。

二、关于资产评估行业的管理体制

草案第六条中规定，国务院建立资产评估行业管理协调配合机制，负责协调和指导行业发展；资产评估行业管理部门在管理协调配合机制框架下，负责监督管理资产评估行业；资产评估行业自律组织负责自律管理，并接受行业管理部门的监督。

有的委员提出，草案应在统分结合的管理体制中着力加强“统”的方面。有些委员提出，不同行业的评估专业性强，目前要完全统一不现实，赞成草案规定建立协调配合机制。有些常委会组成人员提出，协调配合机制内容不清、不易操作，建议删去。有的代表提出，立法中“协调配合机制框架下”的写法不是很多，也不准确，建议研究。张兴凯委员建议对协调配合机制是否建立机构予以明确。

有的委员提出，资产评估的管理部门不同，在评估范围上如有交叉，实践中会造成多头管理、依法打架，建议研究。有的代表建议将资产评估行业管理部门规定为财政部门；丛斌委员建议规定为司法行政部门。

有的委员提出，我国资产评估行业是以行业主管部门管理为主还是自律组织管理为主，建议研究。有些委员提出，评估行业的国际惯例是以行业自律为主，草案应加强自律组织的作用。有的委员提出，单靠自律组织难以保证评估业的健康发展，应由行业管理部门加强监管。

草案第三十六条、第三十七条、第三十九条、第四十五条对资产评估行业管理协调配合机制、行业管理部门和自律组织的职责分别作了规定。有些常委会组成人员提出，草案关于协调配合机制、行业管理部门、自律组织的职责规定不清楚，建议明确。有些常委会组成人员提出，协调配合机制的一些职责，行业管理部门的部分职责如组织制定执业准则和有关标准、实施市场准入管理、监督执业质量，可以由自律组织履行，行业管理部门应主要负责监督自律组织的工作。

三、关于注册评估师

草案第九条中规定，注册评估师资格考试由资产评估行业自律组织组织实施。有的委员建议明确人事部门在注册评估师考试中的职责；有的代表建议改为由国家有关部门和资产评估行业自律组织共同组织实施注册评估师的考试。

草案第十条第一款规定，具有专科以上学历的自然人，可申请参加注册评估师资格考试。有的委员建议本法对外国人可否申请参加考试、外国的评估机构可否在华执业予以明确；有的委员建议将这一款中的“自然人”改为“中国公民”。有的代表建议将“专科以上”改为“本科以上”；有的委员赞成草案规定，认为规定申请人应具有“专科以上”学历符合实际。

草案第十条第二款规定，完成经国务院资产评估行业管理部门认可的高等院校资产评估专业课程，取得学士以上学位的人员，可以免试相关科目。一些委员提出，注册评估师的准入应从严掌握，建议删除有关免试的规定。有的委员建议规定仅可免试专业科目。有的委员建议规定会计师、经济师以及高等院校、科研机构专门从事财经教学研究的人可以免试。有的委员赞成草案关于免试的规定。有的委员建议改为可以免试全部科目。有些常委会组成人员提出，应由自律组织对高等院校资产评估专业课程进行认可。

草案第十条第三款规定，资格考试成绩合格人员，取得行业管理部门统一印制的成绩合格证书。草案第十一条和第十三条中规定，注册评估师的执业注册由资产评估行业自律组织组织实施；自律组织决定是否准予申请人申请注册，准予注册的，颁发由行业管理部门统一印制的执业证书。有的代表提出，行业管理部门和自律组织都参与注册评估师的注册工作，执业注册是行政许可还是自律管理，性质不清楚，建议明确。有的委员提出，在执业资格管理上应强化自律组织的作用，弱化行政管理部门的权力；有的委员建议改为由自律组织印制成绩合格证书和执业证书。有的委员提出，不应由自律组织而应由行业管理部门决定是否准予注册。有的委员建议将执业注册由自律组织组织实施的规定修改为由行业管理部门委托自律组织实施。有的同志提出，应加强资产评估行业的行政监管，赞成草案关于行业管理部门实施市场准入管理的规定，并建议增加规定，管理部门发现注册评估师的执业注册不符合本法规定的，应要求自律组织予以撤销。

草案第十二条对申请执业注册的条件作了规定。有的委员建议对国家机关工作人员是否可以申请执业作出规定；有的委员建议明确规定国家机关工作人员不得从事资产评估业务。

草案第十四条对注销注册评估师执业证书的情形作了规定。有些常委会组成人员建议区分注销和吊销，对吊销执业证书的情形作出规定。

草案第十五条中规定，注册评估师有权拒绝委托人及其他相关当事人对评估结果的授意，有权要求委托人提供相应的法律权属证明等资料。有的委员建议对如何保障评估师的拒绝权利作出规定。有的委员提出，实践中，多数情况下是由被评估单位提供资料，建议增加规定，评估师有权要求其他当事方提供法律权属证明。

草案第十六条中规定，注册评估师应对执业中知悉的有关秘密予以保密。有的委员建议增加规定，注册评估师不得将知悉的秘密用于本次评估以外的其他用途。

草案第十八条中规定，在法律规定的禁止期间内，注册评估师不得买卖委托人或者其他相关当事人的股票、债券等有价证券或者其他财产。有的委员建议增加对注册评估师的亲属买卖上述财产的限制性规定。

四、关于评估机构

有的委员提出，草案对评估机构应具有的资质条件未作规定，建议明确，如要有几名注册评估师、多少注册资金等。有的委员建议，对会计师事务所是否可以申请从事资产评估业务作出规定。

草案第二十二条规定，评估机构执业不受地域和行业限制，法律、行政法规另有规定的除外。有的委员提出，不受行业限制，是否指有二手车评估资格的评估机构也可以从事其他评估业务，不清楚，建议明确。

草案第二十三条规定，评估机构对评估档案的保存期限应当不少于十五年。有的委员提出，十五年的规定缺少依据，建议保存期限与草案第五十一条规定赔偿请求权时效相衔接，规定为十年，或者改为评估机构档案保存的具体办法由国务院另行规定。

五、评估委托和评估报告的使用

草案第三十条中规定，委托人有权自主选择评估机构；对本法规定应当委托评估机构评估的，应采用公开方式选择评估机构。有的委员提出，对国有资产和涉及公共利益的资产评估，是由企业还是由行业管理部门委托评估机构，建议明确。有的代表提出，草案关于公开方式选择评估机构的规定，应与现行国有资产评估的有关规定衔接。有的委员建议增加规定，评估国有资产的，应当公开评估机构名称和评估师姓名。有的代表建议规定，采用公开方式选择评估机构的，不得自行设立评估机构名单库。

草案第三十二条规定，委托人对评估报告存有异议的，可以要求评估机构解释。委托人认为注册评估师或者评估机构存在违法行为时，可以向管理部门或者自律组织投诉举报。有的委员建议增加委托人对评估结果有异议的救济措施。有的委员建议增加规定，委托人对评估报告有异议的，评估机构应向委托人说明理由。有的委员建议增加交易双方各自委托评估机构评估，因评估结果不一致发生争议时如何处理的规定。有的委员建议明确投诉举报的受案范围、处理时限，并规定受理机关对不属于其职责范围的投诉举报事项，应负责移送。

六、关于自律组织

有的委员提出，草案第四十一条规定资产评估行业地方性自律组织接受全国性自律组织的指导，建议将接受“指导”改为接受“领导”。有的委员提出，自律组织的职责应由自律组织的章程规定，建议删去草案第四十五条对资产评估行业自律组织职责的规定。有的代表建议增加注册评估师不服自律组织决定时的救济措施。

有的委员提出，资产评估师和注册会计师业务性质、职业道德标准、管理要求相同，建议将现有的资产评估行业协会与注册会计师协会合并。

七、关于法律责任

有的代表提出，草案规定的法律责任，尤其是对评估机构的法律责任规定过严，不利于评估行业的发展。有的委员建议对注册评估师、评估机构加大处罚力度，增加处罚种类。有的委员建议增加注册评估师终身或限期禁止执业的规定。有的委员建议，评估机构没有违法所得时，应增加处以一定数额罚款的规定。有的代表建议增加评估机构负责人承担法律责任的规定。有的委员建议加重评估师和评估机构的民事赔偿责任。

草案第四十七条、第四十八条规定注册评估师有违法行为时，由省级以上资产评估行业管理部门责令暂停执业，情节严重的，吊销注册评估师执业证书。有的委员建议改为由资产评估行业自律组织责令暂停执业、吊销执业证书。

草案第五十四条规定，资产评估行业管理部门、资产评估行业自律组织工作人员，滥用职权、玩忽职守或者徇私舞弊，构成犯罪的，依法追究刑事责任。有的委员提出，自律组织的工作人员不是国家机关工作人员，难以根据刑法的规定追究其刑事责任，建议对自律组织工作人员的法律责任作出明确规定。

八、其他意见

1. 有的委员建议将本法名称改为“资产评估管理法”；有的代表建议改为“评估法”，同时将草案中的“资产评估”改为“评估”。

2. 有些委员建议增加有关资产评估程序和要求的具体规定。

3. 有的委员建议在草案第五条中明确规定注册评估师必须恪守职业道德。有的委员提出，这一条中关于“任何组织和个人不得干预评估行为和评估结果”的规定过于绝对，如在国有资产评估中，有关部门对评估结果应当有权进行监督。建议再作研究。

4. 草案第三十八条中规定，国家机关、国家举办的事业单位不得与评估机构存在任何人员或者资金关联。国家机关及其工作人员不得利用职权为评估机构招揽业务。有的委员建议将“国家举办的事业单位”删去。有的委员建议在“国家机关”后增加“国有企业”。

5. 有的代表提出，没有必要设立公职评估机构，建议删去草案第五十七条关于公职评估机构的规定。

6. 有的委员建议对本法施行前取得的注册评估师和评估机构的资质在本法施行后是否有效作出规定。

十二届全国人大常委会第四次会议审议资产评估法草案二次审议稿的意见

2013 年 8 月 28 日下午，十二届全国人大常委会第四次会议对资产评估法草案二次审议稿进行了分组审议。现将主要审议意见简报如下：

一、总的意见

有些常委委员、代表提出，资产评估对公众利益、金融秩序、经济发展等影响较大，制定资产评估法非常必要，意义重大。有的委员建议抓紧作进一步研究修改，及早审议通过。

有的委员提出，草案二次审议稿体现了国务院机构改革和职能转变方案中有关政社分开、一业多会等要求。有些常委会组成人员提出，草案二次审议稿进一步体现、落实了简政放权、政社分开的要求，需要考虑行业协会是否已经发育成熟，是否有比较强的自我管理能力，从资产评估行业的现状看，恐怕目前还不能放得太宽。有的委员建议考虑职能转移后的衔接问题，避免造成脱节。

有些委员提出，草案二次审议稿对多头管理等问题并没有很好地解决。有的委员建议对立法目的、适用范围、法律的结构和逻辑性、衔接、各章之间的关系等再作认真研究。有的委员提出，实践中资产评估缺乏必要的技术、程序和标准化方面的规定，立法有必要解决这一问题，有必要就资产评估的技术、标准问题进行立法，而不仅仅是对人员、机构、协会进行规范；另外，本法部门色彩较浓，建议认真研究。

有的委员提出，本法还不具备下一步就讨论通过的条件，建议对若干重大问题进一步论证，不宜简单地给行业协会放权。有的委员提出，草案还是比较粗，建议进一步了解发达国家资产评估的情况，不急于通过。

二、关于法名

有的委员建议将法名修改为“国有资产评估法”。有的委员建议修改为“注册评估师法”。有的代表建议将法名修改为“评估师法”或者“评估法”，理由是“资产评估”在我国已有特指，是指财政部主管的注册资产评估师和资产评估机构，用“资产评估”概念容易冲击其他评估行业，造成混乱。

三、关于总则

草案二次审议稿第二条第一款规定，本法所称资产评估，是指注册评估师和评估机构测算资产价值的专业服务行为。有的委员建议在“测算资产价值”后增加“和价格”。

草案二次审议稿第二条第二款规定，资产评估业务包括不动产评估、动产评估、无形资产评估、企业价值评估和其他经济权益的评估。有的委员提出，规定资产评估包括房地产评估、矿业权评估等内容，不太合适，建议研究。有的委员提出，目前的表述可能难以涵盖证券、债券、债务、文物、古董等评估，建议研究。

草案二次审议稿第三条第二款规定：“涉及国有资产产权变动和公共利益，法律、行政法规规定需要评估的，应当依法委托评估机构评估。”有的委员建议修改为：“涉及公共利益、国有资产产权变动等法律、行政法规规定必须进行评估的，应当依法委托评估机构评估。”

有的委员建议在总则中增加规定注册评估师和评估机构应当

遵守的原则。

四、关于注册评估师

草案二次审议稿第十条规定，国家实行注册评估师资格全国统一考试制度。有的委员建议明确考试由国务院人力资源社会保障部门会同有关行政管理部门联合出题。有的委员提出，各评估专业所需专业知识不同，统一考试制度可能难以达到预期效果。

草案二次审议稿第十一条规定，具有高等院校专科以上学历的公民，可以申请参加注册评估师资格全国统一考试；考试成绩合格的，由有关资产评估行业协会颁发成绩合格证书。有的委员提出，规定只有专科以上学历的公民才能参加考试，容易造成歧视，建议删去。有的委员提出，统一考试和分别发证是矛盾的，不具有可操作性，建议研究。谢旭人委员提出，这里的考试是综合性考试还是单项考试不明确，通过考试的是否可以做不动产评估、动产评估等各项评估业务不明确，建议研究。

有的委员建议恢复二审稿删去的有关完成经国务院资产评估行业管理部门认可的高等院校资产评估专业课程、取得学士学位以上人员可以免试相关科目的规定，理由是擅长实务操作的评估师有可能不擅长考试，并且注册会计师法也对有关人员的免试作了规定。

草案二次审议稿第十三条第二款规定了对注册评估师不予注册的情形。有的委员提出，应当恢复二审稿删去的申请人无民事行为能力或者限制民事行为能力的不予注册的规定，因为律师法、执业医师法等都有类似规定。有的委员建议明确有关犯罪和被开除公职的人员，一经受到刑事处罚和被开除公职，终身不予注册，而不是只在五年内不予注册。有的委员提出，不应对犯罪、受行政处罚和开除公职人员不予注册的期限都规定为五年，建议有所区别。有的委员建议对被吊销执业证书和撤销注册的人员明确不予注册的年限，同时增加对公务员不得申请评估师执业注册的规定。有的代表建议将因犯罪而不予注册的年限修改为七年或十年。

草案二次审议稿第十四条第一款规定，有关资产评估行政管理部门发现注册不符合本法规定的，应当通知资产评估行业协会依法撤销注册。有的委员建议修改为由资产评估行政管理部门直接撤销，同时明确当事人可以申请行政复议或者提起行政诉讼。

草案二次审议稿第十四条第二款规定，不予注册的，有关资产评估行业协会应当书面通知申请人并说明理由。有的委员建议增加规定对行业协会不予注册的救济途径。

草案二次审议稿第十五条规定了对注册评估师撤销注册的情形，其中第一项规定“不符合本法规定的执业注册条件被准予注册的”，第二项规定“以欺骗、贿赂等不正当手段取得注册评估师执业证书的”。有的委员提出，第二项规定的情形是可以被第一项所涵盖的，建议删去第二项。

草案二次审议稿第十七条规定了注册评估师的权利。有的委员提出，第四项规定的“拒绝委托人及其他组织、个人对评估行为和评估结果的干预”是评估师的责任和义务，不是权利，建议删去。

草案二次审议稿第十八条规定了注册评估师的义务。有的委员建议将第二项中的“勤勉谨慎执业”修改为“勤勉尽责”或者“勤勉执业”，并相应规定注册评估师没有遵守义务的法律责任。严以新委员建议增加一项规定：“收到委托人提供相关的权属证明、财务会计信息和其他资料，应当出具收据，载明资料名称、份数、原件或者复印件，及收到时间等信息，并签章后将收据交由委托人；对委托人提供的上述材料尽到妥善保存义务”。

草案二次审议稿第十九条规定了注册评估师的禁止性行为。

有的委员建议将第九项“贬损或者诋毁其他注册评估师”修改为“对其能力进行广告宣传以招揽业务”。有的委员建议增加评估师不得签署显失客观公正评估报告的规定。白志健委员建议增加“不得超越注册专业类别执业”的规定。有的委员建议将第五项和第八项合并，修改为“签署本人未参与项目的评估报告或者虚假评估报告”。

有的委员建议增加注册评估师类别和执业范围的规定。有的委员提出，价格认证人员是否属于本法所称的注册评估师？建议对现有的价格鉴证体系与资产评估之间的关系进行研究。

五、关于评估机构

草案二次审议稿第二十一条第三款规定了采用公司形式设立评估机构的条件。有的委员提出，公司形式的评估机构承担的是有限责任，过低的设立门槛不利于保护委托人的合法权益，建议提高门槛，注册资本规定得高一些。

草案二次审议稿第二十二条规定，设立评估机构，应当向工商行政管理部门申请办理登记；评估机构在领取营业执照后向资产评估行政管理部门备案。有关资产评估行政管理部门应当将评估机构备案情况向社会公告；发现评估机构不符合本法规定条件的，应当通报工商行政管理部门依法处理。有的委员提出，评估机构的市场准入还是应当由行业管理部门负责，建议将评估机构向资产评估行政管理部门“备案”修改为“核准”。有的委员建议增加规定：“发现评估机构在办理设立登记时具备本法规定的条件，但事后不再具备本法规定的设立条件，应当通报工商行政管理部门暂停评估机构的评估活动，直到评估机构具备本法规定的设立条件为止。”

草案二次审议稿第二十三条规定，评估机构开展业务不受地域和行业限制。有的委员提出，评估义务专业性强，应当有行业限制，建议研究。有的委员提出，上市公司的资产评估只有具备相应资质的评估机构才能承担，建议对这些有特殊要求的，作出例外规定。

草案二次审议稿第二十四条第二款规定，评估机构应当依法接受监督检查。有的委员建议修改为：评估机构应当依法接受工商行政管理部门、有关资产评估行政管理部门以及资产评估行业协会的监督检查。

草案二次审议稿第二十四条第四款规定，评估档案的保存期限不少于十五年。有的委员提出，资产的寿命可能远远超过十五年，规定档案只保存十五年可能给资产的保全带来不便，建议研究。

草案二次审议稿第二十七条规定，委托人要求出具虚假评估报告或者有其他干预评估结果情形的，评估机构有权解除合同。有的委员建议增加规定：评估机构解除合同的，应当报有关资产评估行业协会备案。

草案二次审议稿第二十八条第五项规定，评估机构不得分别接受利益冲突双方的委托，对同一评估对象进行评估。有的委员提出，实践中双方如果都找同一评估对象评估，更有利于双方接受评估结果，不应禁止。

有的委员建议对评估机构的类别和执业范围作出规定。靳保芳代表建议增加评估机构应当到当地税务机关办理税务登记的规定。

六、关于评估委托与报告使用

草案二次审议稿第三十条规定了委托人的概念。有的委员建议增加规定："涉及国有资产产权变动需要评估的，应当由国有资产的主管部门作为委托人，国有资产的评估过程和结论应当公开接受社会各界的监督。"

草案二次审议稿第三十一条第一款规定，委托人有权自主选择符合本法规定的评估机构，任何单位和个人不得限制或者干预。有的委员建议增加规定“但是要防止关联交易”。有的代表提出，这一规定过于绝对，实践中国有资产管理部门有时是要负责选择评估机构的，建议研究。

草案二次审议稿第三十一条第二款规定，依据本法第三条第二款规定进行评估的，应当依法采用公开方式选择评估机构有的委员建议将“公开方式”修改为“公开竞争方式”。

草案二次审议稿第三十三条第一款规定，委托人对评估报告有异议的，可以要求评估机构解释。有的委员建议对经解释后仍不能达成共识的，建立校正机制，经校正后还有异议的，通过仲裁机制来认定。有的委员建议增加规定“评估机构不能作出充分、合理解释的，委托人可以要求其重新进行评估，或者解除合同并拒绝支付评估费用”。

草案二次审议稿第三十三条第二款规定，委托人认为注册评估师或者评估机构违法执业的，可以向有关资产评估行政管理部门或者行业协会投诉、举报，有关部门或者协会应当及时调查处理。有的委员建议对“及时”作出明确界定，如30个工作日。有的委员建议增加规定“有关资产评估行政管理部门或者行政协会应当将处理结果于七日内告知委托人”。

草案二次审议稿第三十六条规定，委托人应当按照法律规定和委托合同约定使用评估报告。有的委员建议在“法律”后增加“行政法规”。

有的委员建议将第四章“评估委托与报告使用”的章名修改为“评估程序”，并进一步细化有关资产评估的程序性规定。有的委员建议进一步加强对评估报告的规范管理，并建立评估报告审核机制。有的代表建议对评估报告的法律效力和有效期限作出规定。

有的委员建议增加规定，委托人不得以低价中标方式选择评估机构，并规定委托人没有依照委托合同约定和法律规定使用评估报告的，评估机构和评估师不承担任何责任。

七、关于行业协会

草案二次审议稿第六条规定，资产评估行业可以按照不同领域依法设立行业协会，实行自律管理，接受有关资产评估行政管理部门的监督。有的委员提出，“不同领域”与第九条中“专业类别”是什么关系不清楚，并且同一个领域内是否可以设立多个行业协会也不明确，建议修改为“资产评估行业应当依法设立行业协会”。有的委员提出，“不同领域”是按动产、不动产来分，还是按产业、行业来分不明确。有的委员建议将“可以”修改为“要”，将“实行自律管理”修改为“实行行业管理”。有的委员建议修改为“资产评估行业可以依法设立多个行业协会，实行自律管理。各个行业协会之间实行适度竞争，接受有关资产评估行政管理部门的监督，注册评估师和评估机构加入行业协会时，可以自主选择加入”。有的委员提出，可以考虑在每个不同领域设立中央层面的行业协会，其他都是分会。

草案二次审议稿第三十九条规定，注册评估师、评估机构应当加入资产评估行业协会。有的委员提出，是否加入行业协会应遵循自愿原则，建议将“应当”修改为“自愿”。有的委员提出，评估机构是加入综合性行业协会还是专业行业协会，建议明确。

草案二次审议稿第四十条规定了行业协会的职责。有的委员建议增加规定三项职责，即开展评估机构和注册评估师信用等级评价，制定评估委托合同示范文本，成立调解委员会调解评估机构、注册评估师、委托人以及评估报告、合法使用人之间的纠纷。有的委员建议增加规定一项职责“建立惩戒与黑名单档案，并及时向社会公开”。有的代表建议将第二项“依法制定评估执业准则”修改为“依法制定评估准则和评估师行为准则”。

草案二次审议稿第四十一条规定，有关资产评估行业协会应当建立沟通协作和信息共享机制。有的委员建议除信息共享机制外，有关行政部门应建立公共信息平台，把相关的机构、法人、资质、评估业务都放到平台上接受监督，防止暗箱操作。

草案二次审议稿第四十二条第一款规定，资产评估行业协会收取会员会费的标准，由会员代表大会通过，报国务院有关资产评估行政管理部门备案。有的代表建议将“报国务院有关资产评估行政管理部门备案”修改为“报各级政府有关资产评估行政管理部门备案”。有的委员建议增加规定“资产评估行业协会从事管理等工作的人员由会员代表大会选举产生”，并增加规定“会费的收取、使用情况应定期公开”。

草案二次审议稿第四十五条规定，资产评估行政管理部门对检查发现的问题和针对协会的投诉、举报，应当及时调查处理。有的委员建议增加规定“并在七日内公布调查处理结果”。

有的委员建议增加规定行业协会如何设立。有的委员建议增加规定：“评估行业协会分为全国性评估行业协会和省一级评估行业协会，省会城市等大城市需要设立评估行业协会的由省级评估行业协会批准设立。全国和地方评估行业协会的会长、副会长由会员代表大会按照评估行业协会章程选举产生，会长、副会长需要由注册估师担任，秘书长可以由评估行业主管部门指派。”

有的委员建议增加行业协会根据评估师违法行为情节轻重对其执业资格进行限制、直至吊销执业资格的规定。

八、关于行政监管

草案二次审议稿第七条第一款规定：“国务院建立资产评估

行业管理协调配合机制，负责协调和指导资产评估行业发展。”吕薇委员提出，协调配合机制如何设立不清楚，建议明确。有的委员建议将“负责协调和指导资产评估行业发展”修改为“负责宏观的协调和指导”。有的委员提出，“协调配合机制”的提法与当前政府机构改革与职能转变的指导思想不符，建议修改。

草案二次审议稿第四十三条规定，国务院财政部门会同有关行政管理部门组织制定注册评估师职业道德准则、注册评估师资格全国统一考试办法和执业管理办法、评估机构管理办法。有的委员提出，这种协调配合机制实践中能否运行好？建议作细化规定。有的委员建议增加规定，由国务院财政部门会同有关行政管理部门“设定注册评估师专业类别、规定注册评估师后续教育、批准行业协会制定的执业准则”等内容。有的委员建议将“国务院财政部门会同有关行政管理部门”修改为“国务院人力资源社会保障部门、财政部门会同有关行政管理部门”，有的委员建议修改为“国务院人力资源社会保障部门会同财政、国土资源、住房建设等有关行政主管部门”。

草案二次审议稿第四十六条规定，资产评估行政管理部门不得对符合条件的评估机构跨地区、跨行业开展业务设置障碍。有的委员建议删去“跨行业”。

草案二次审议稿第四十七条第一款规定，国家机关、国家举办的事业单位不得与评估机构存在人员或者资金关联。有的委员建议根据政社分开的要求，增加行业协会应当与主管部门脱钩的规定。有的委员建议明确“国家机关、企事业单位不得举办评估机构”。有的委员提出，一些企业如国有银行也可能与评估机构存在人员或资金关联，建议研究。

草案二次审议稿第四十七条第二款规定，国家机关及其工作人员不得利用职权为评估机构招揽业务。有的委员提出，这是否意味着国家举办的事业单位的工作人员就可以利用职权为评估机构招揽业务？建议研究。

有的委员提出，目前资产评估行业管理由省级以上资产评估行政管理部门负责，级别太高，对基层的资产评估很难有效监管，建议明确由地市级以上资产评估行政管理部门负责监管。有的代表建议由财政部门对各类资产评估实行归口管理。

九、关于法律责任

草案二次审议稿第四十九条规定了未经执业注册以注册评估师名义执业或者未经登记设立评估机构从事评估业务的法律责任。有的委员建议增加“没有违法所得的，处一万元以上十万元以下罚款”的法律责任规定。

草案二次审议稿第五十条规定了注册评估师违法执业的法律责任。有的委员建议增加注册评估师没有遵守评估准则的法律责任。

草案二次审议稿第五十条至第五十三条规定了评估师和评估机构的法律责任。有的委员提出，注册评估师执业证书是行业协会颁发的，由行政部门吊销不合适，应交给行业协会自律管理，政府部门做好监督管理工作。有的委员建议在“构成犯罪的，依法追究刑事责任”前增加“造成损失的，依法承担赔偿责任”，并直接规定罚款幅度。

草案二次审议稿第五十二条规定评估机构构成犯罪的，依法追究刑事责任。有的副委员长建议明确规定是追究评估机构中的法定代表人或者是直接责任人的刑事责任。

草案二次审议稿第五十四条规定，注册评估师因违法执业被记入信用档案累计至三次的，由有关资产评估行业协会注销注册评估师执业证书并予以公告。有的代表建议对评估师的违法行为零容忍，一次违法就永远不能再做注册评估师。有的委员建议增加规定，注册评估师有一次违法执业行为的，五年内不得再从事评估工作。有的代表提出，用累计次数的方式注销注册资格，不够科学。

草案二次审议稿第五十五条规定，注册评估师、评估机构在执业活动中给委托人或者其他相关当事人造成损失的，依法承担赔偿责任。有的委员提出，有的评估数额特别巨大，评估师、评估机构难以承担赔偿责任，执业风险基金也不足以赔偿，建议研究。有的委员建议增加三款，一是“注册评估师违法执业给委托人和其他相关当事人造成损失的，由其所在的评估机构依法承担赔偿责任。评估机构履行赔偿责任后，可以向有故意或者重大过失行为的注册评估师追偿。”二是“因注册评估师违法执业造成损失要求赔偿的诉讼时效期为两年，自当事人知道或者应当知道其权益受到损害时计算。”三是“因注册评估师违法执业造成损失要求赔偿的请求权，在评估报告交付合同约定的报告使用人满十年丧失。”

草案二次审议稿第五十七条规定了违反有关法定评估规定的法律责任。有的委员建议增加一项违法行为：“以其他方式干预评估机构和注册评估师对涉及国有资产产权变动和公共利益的评估，损害国家和集体利益的”。

有的副委员长提出，本章中规定的处罚基本上都是由政府部门行使的，与第六条、第七条规定的行业协会进行自律管理、政府部门负责监督的精神是不一致的，存在逻辑冲突，建议认真研究。

有的委员建议对虚假评估加重处罚。有的代表建议对评估机构和注册评估师的违法行为规定更加严格的法律责任。

十、其他意见

有的委员建议在修改情况汇报中对上届常委会组成人员提出

的意见中未采纳的部分作出说明，避免重复提出，浪费时间。

有的代表建议本法要重视对无形资产的评估。

有的委员建议研究本法与价格法等法律的衔接问题。有的代表建议做好本法与企业国有资产法的衔接。有的代表建议处理好本法与其他法律、法规和制度之间的衔接。

十二届全国人大常委会第十六次会议审议资产评估法草案三次审议稿的意见

2015年8月27日上午，十二届全国人大常委会第十六次会议对资产评估法草案三次审议稿（以下简称三次审议稿）进行了审议。现将审议意见简报如下：

一、总的意见

有的常委会组成人员和列席人员提出，制定资产评估法非常必要，有助于防止国有资产流失和规范评估行业健康发展，应当加快资产评估立法进程，搞好制度的顶层设计。有的常委委员提出，草案关于评估师职业资格管理、评估行业管理体制等的规定，反映出各方面仍然存在比较大的意见分歧，立法时机还不成熟，建议慎重出台。有的委员提出，草案三审稿将评估师管理由注册制变为水平评价制，在体制上肯定了各部门分别管理，感觉立法意义已经不大了。

有些委员提出，三次审议稿在原有的基础上有了很大改进。下一步要尽量协调各方面的意见，在评估师职业资格管理等关键问题上形成共识。

二、关于总则

三次审议稿第三条第一款规定，自然人、法人或者其他组织需要确定评估对象价值的，可以委托评估机构评估。法律委安建提出，这一款表述容易产生歧义，以为也可以委托其他非评估机构进行评估，建议研究。

三次审议稿第三条第二款规定，涉及国有资产和公共利益，法律、行政法规规定需要评估的，应当依法委托评估机构评估。有的副委员长建议将“应当”修改为“必须”。

三次审议稿第六条规定，评估行业可以按照专业领域依法设立行业协会。有的委员建议将“专业领域”修改为“不同领域”。有的委员建议设立统一的评估行业协会。

三次审议稿第七条第一款规定，国务院有关资产评估行政管理部门按照职责分工，对评估行业进行监督管理。有的常委委员提出，资产评估的管理体制还是应该统一，由五个部门分别管理不妥，建议恢复二审稿关于管理体制的规定。有些常委会组成人员提出，“国务院有关资产评估行政管理部门”的提法比较含糊，应当将具体是哪个部门写清楚。有的代表提出，科技部负责牵头管理技术评估事宜，应该包含在“国务院有关资产评估行政管理部门”之中。

三、关于评估师

三次审议稿第九条规定，国家对评估师实行水平评价类职业资格管理制度，法律另有规定的，依照其规定。有些常委会组成人员提出，因为资产评估涉及公共利益，建议仍然实行注册制，加强对评估师的管理。有的副委员长提出，在取消人员资格准入的情况下，专章规定“评估师”是否符合改革精神，建议研究。有些委员提出，草案规定评估师实行水平评价类职业资格管理，但具体条文仍然有准入管理的痕迹，未充分体现改革精神。法律委安建、李生代表提出，实行水平评价类资格管理，意味着取消从业门槛，即使没有参加评估师考试取得资格证书，也应允许其从事评估业务；如果不能与准入类职业资格管理有所区别，建议不要写水平评价类职业资格管理制度。

三次审议稿第十条第二款规定，评估师职业资格全国统一考试由有关全国性评估行业协会负责组织实施，考试办法由国务院人力资源主管部门会同有关资产评估行政管理部门制定。有的委员建议将两句话对调，先规定考试办法由谁来制定，再规定考试由谁组织实施。有的委员建议明确水平评价考试的分级，并明确规定考前应当进行申请人条件的核准。有的委员建议规定考试科目分为公共科目和专业科目。

三次审议稿第十一条规定，具有高等院校专科以上学历的公民，可以自愿申请参加评估师职业资格全国统一考试；考试成绩合格的，由有关全国性评估行业协会颁发评估师职业资格证书。有的代表提出，应当提高门槛，将“专科”修改为“本科”。有的委员建议明确评估师职业资格证书由国务院人力资源主管部门会同评估行业协会颁发。

三次审议稿第十二条规定，有关全国性评估行业协会应当在网站上公布取得评估师职业资格证书的人员名单，并实时更新。评估师死亡、丧失民事行为能力的，由有关全国性评估行业协会注销评估师职业资格证书并予以公告。有些委员提出，不仅应当公布人员名单，为加强对评估师的信用管理，还应当建立评估师的基本信息库，对不良执业行为等予以记录。有的委员建议删除评估师死亡、丧失民事行为能力的，注销其职业资格证书的规定。

三次审议稿第十四条规定了评估师在执业活动中的权利。有的委员建议进一步加强对评估师的保护，明确该条第四项“非法干预”的含义和具体情形，例如是否包括“胁迫”等。有的委员建议按照国际惯例增加规定：“评估师有权拒绝在自己认为不正确的或者存在瑕疵的评估报告上签字”。

有的委员建议本章增加一条规定：执行涉及国家安全和敏感领域资产评估的评估师，还应具有保密资质；评估师、评估机构不得泄露在工作中知悉的国家秘密、商业秘密和个人隐私，否则承担相应的法律责任。

四、关于评估机构

三次审议稿第十七条第一款规定，设立评估机构，应当依法采用合伙或者公司形式。有些同志提出，鉴于天津港“8·12”重大爆炸事故中血的教训，允许评估类机构采用公司形式不妥，建议一律改为合伙形式。

三次审议稿第十七条第二款、第三款规定了设立评估机构应当具备的条件，要求三分之二以上的合伙人或者股东应当是评估师。有些委员提出，如果规定合伙人或者股东中评估师要占三分之二以上，各主管部门可能会要求各相关专业的评估师都要占三分之二以上，从而加剧行业分割，建议删除上述对合伙人或者股东的限制性规定。有的委员提出，为加强评估机构承担责任的经济能力，建议增加规定公司制评估机构注册资本的最低要求。有的委员建议参照资产评估机构审批和监督管理办法，规定采用合伙形式设立评估机构“应当有五名以上资产评估师和二名以上的合伙人”。

三次审议稿第十八条规定，设立评估机构，应当向工商行政管理部门申请办理登记。评估机构应当自领取营业执照之日起三十日内向有关资产评估行政管理部门备案。有的委员建议对备案制度予以进一步强化，建立有效的责任追究和处罚机制。有的委员建议由一个部门，如财政部门统一备案。

三次审议稿第二十三条规定，评估机构应当按照规定建立执业风险基金。有些委员提出，立法应当积极探索鼓励购买职业责任保险，为评估机构提供更多的风险防御选择。

五、关于评估程序

三次审议稿第二十四条第二款规定，依据本法第三条第二款规定进行评估的，应当依法采用公开方式选择评估机构。邓秀新委员建议增加规定：具体的公开选择办法由国务院有关资产评估行政管理部门规定。

三次审议稿第二十八条规定，评估师应当分析有关评估方法的适用性，除依据评估准则只能选择一种评估方法的外，恰当选择两种以上评估方法。有的委员建议删除“评估师应当分析有关评估方法的适用性”的规定。苗润奇代表建议将“恰当选择两种以上评估方法”修改为“可以恰当选择两种以上评估方法综合运用。”

三次审议稿第二十九条规定，评估报告应当由两名以上评估师签名并加盖评估机构公章。有的委员建议明确由“承办”评估师签名，避免出现漏洞。

三次审议稿第三十条规定，评估档案的保存期限不少于十五年。有的委员提出，根据评估资产的自然寿命，保存期限应当适当延长，涉及到国有资产的档案甚至应该永久保存。

三次审议稿第三十一条规定，委托人对评估报告有异议的，可以要求评估机构解释。有的委员建议同时赋予利害关系人这一权利。

三次审议稿第三十二条规定，委托人认为评估师违法执业或者评估机构违法开展业务的，可以向有关资产评估行政管理部门或者行业协会投诉、举报，有关资产评估行政管理部门或者行业协会应当及时调查处理。有的委员提出，这一规定过于笼统，不够明确和刚性，建议进一步完善和细化，对鉴定机构、鉴定条件、鉴定程序以及鉴定结果的使用等都进行全面、明确的规范。

有的代表提出，“评估程序”的章名还应当斟酌，建议修改为“评估实施”。

六、关于行业协会

三次审议稿第三十七条规定了评估行业协会的职责。有的委员建议增加一项规定："制定有关评估技术标准与规范"。有的代表建议增加一项规定："建立专家智库，规范和引领专业领域当中的技术问题"。

有的副委员长提出，行业协会商会与行政机构脱钩以后，方向是要成为市场化程度高、行为自律的社会组织。以法律形式赋予其管理职责，加大了行业协会的行政性，是否符合改革的精神，建议研究。

七、关于行政监管

三次审议稿第四十一条规定，省级以上资产评估行政管理部门依据各自职责，对评估师和评估机构的违法行为依法实施处罚。有的委员建议将"处罚"明确为"行政处罚"。有的委员建议将管理权下放到地市级，以更好地适应管理的需要。

有的代表提出，资产评估行业协会应当是在民政部门登记的社会团体，建议对民政部门的监管职责作出规定。

八、关于法律责任

三次审议稿第四十八条规定了分别接受利益冲突双方的委托，对同一评估对象进行评估，以及以恶性压价等不正当手段招揽业务的法律责任。有的代表提出，现在基层评估业务很多都是双方共同委托，"分别接受利益冲突双方的委托"容易引起歧义，建议修改。有的代表提出，禁止"恶性压价"没有什么道理，建议删除。

三次审议稿第五十条规定，评估师因一年内违法执业被记入信用档案累计至三次的，可以责令停止执业一年以上五年以下。有的委员建议将"累计至三次"修改为"累计达两次"。

三次审议稿第五十一条规定，评估师、评估机构违反本法规定，给委托人或者其他相关当事人造成损失的，依法承担赔偿责任。有的委员建议明确在评估师和评估机构都有责任的情况下，具体如何进行赔偿。

三次审议稿第五十二条规定，违反本法第三条第二款规定，应当委托评估机构进行评估而未委托的，由有关部门责令改正；拒不改正的处以罚款。有的副委员长建议明确“有关部门”是指哪些部门，避免引起争议；对已经违反本法的，应视情节轻重进行处罚，不能仅责令改正。有的委员建议增加一款规定：“违反本法第三条第二款，应当委托评估机构进行评估而未评估的国有资产交易行为无效”。

三次审议稿第五十三条第一款规定了串通、唆使评估师和评估机构签署、出具虚假评估报告等的法律责任。有的委员建议在第三项“唆使”之后增加“胁迫”。有的委员建议在第四项“财务会计信息和其他资料”之前增加“相关”，并将第五项修改为：“故意不按法律规定和委托合同约定使用评估报告，谋取不正当利益的”。

有的委员建议尽量减少行政处罚中的自由裁量权。

九、关于附则

三次审议稿第五十五条规定，法律、行政法规对评估管理另有规定的，依照其规定。有的委员提出，行政法规的位阶低于法律，不依照本法而依照行政法规，是否合适，建议斟酌。

有的代表提出，本法应当将价格鉴证等司法鉴定类的资产评估纳入，建议增加一条规定，明确评估师、评估机构接受司法鉴定评估委托的，除了本法之外还应当遵守民事诉讼法等法律法规中对司法鉴定工作的相关规定，并增加相应法律责任的规定。

有的委员建议恢复一审稿中关于公职评估机构的规定，为房地产税基评估等制度改革预留空间。

十、其　他

1. 有的委员提出，资产评估领域存在的严重问题是非法干预，立法应当研究如何确保资产评估的公正性、独立性，减少各种非法干预。

2. 有的委员提出，评估标准不同于评估准则，建议明确评估标准的制定主体。

3. 有的委员提出，资产评估除了按照专业分类管理，还应当分不同的目的和用途进行管理。

4. 有的委员建议进一步明确规定评估机构进行工商登记和资质审批的关系，不是拿到工商登记就所有的评估都可以去做。此外。还有一些评估，没有进行登记的也在做，如科技部门组织对一些无形资产进行评估，应当如何进行规范，应当研究。

十二届全国人大常委会第二十一次会议审议资产评估法草案四次审议稿的意见

本次常委会会议于2016年6月27日下午分组审议了《中华人民共和国资产评估法（草案四次审议稿）》。现将审议意见简报如下：

一、总的意见

大部分常委会组成人员和列席人员认为，为了规范资产评估行为，保护资产评估当事人合法权益和公共利益，促进资产评估行业健康发展，维护社会主义市场经济秩序，制定资产评估法是必要的。草案经过多次审议和修改，符合行政审批制度改革精神，符合实际需要，有利于促进供给侧结构性改革和大众创业、万众创新，结构合理，针对性、可操作性较强，已经比较成熟，建议进一步修改完善后，提请本次会议表决通过。

有的委员提出，资产评估立法的思路不符合社会主义市场经济规律，沿用计划经济思维，容易滋生腐败，也缺少足够的国内实践经验，有为立法而立法的嫌疑。

有的委员提出，国务院取消有关评估师的职业资格许可是因为没有法律依据，现在既然立法了，就应当明确对评估师的职业资格许可制度。评估是非常专业的业务，不是什么人都可以做的，立法允许评估师以外的人员从事评估业务是不对的，不能草率通过。

有的委员提出，当前，我国评估领域还存在一些突出矛盾，在下一步制定资产评估法实施细则的过程中，要处理好这些矛盾，把握好三个关系：第一，把握好严格行业准入管理与落实国务院行政审批制度改革精神、精简严控职业资格许可的关系。对于从事法定评估业务以外的评估机构及其人员，应当按照国务院行政审批制度改革有关精神以及职业资格管理的有关规定进行分类管理，并按照国务院的有关要求逐步放宽评估市场准入，不能随意扩大行业准入管理的范围。第二，把握好强化行业自律与完善政府监管，防范行业风险的关系。注意明确行政部门和行业协会责任分工界限，构建科学的监管体系，建立政会协调配合的体制机制，以发挥行业自律的作用，促进行业健康发展。第三，把握好规范评估行业行为与体现评估专业区别、完善评估市场监管体系的关系。处理好行业统一管理与分专业领域专门管理的关系，在法律进行原则性、统一性规定的基础上，对体现评估专业区别的事项作出专门性规定，体现专业区别，构建完整的评估市场监管体系。

有的委员建议在法律实施过程中及时进行跟踪评估，发现问题及时纠正。有的委员建议增加法律通过后进行评估的规定，委托各省人大常委会在施行两年后定期进行评估。有的代表建议有关部门制定系统化的配套实施细则。

有的代表建议将法名修改为“评估法”或者“资产估价法”。

二、具体意见

（一）关于总则

1. 有的委员建议明确草案第二条中的“资产评估”是包含六大专业类别的大概念，以免误解。有的委员提出，“企业价值”评估与动产、不动产评估存在交叉，建议删去或者修改为“两种以上资产价值”的评估。

2. 有的委员建议将草案第三条第一款中的“确定评估对象价值”修改为“确定评估对象经济价值”。有的委员建议增加规定，任何组织、个人不得非法限制、干预委托人对评估机构的选择。

3. 有的委员建议草案第三条第二款进一步明确法定评估的情形。有的代表建议增加一款规定：“下列情形应当开展法定评估：涉及国有资产产权变动的；司法机关拍卖变卖资产的；银行处理抵押物的；上市公司重大交易涉及的资产；法律、法规规定需要法定评估的其他情形。”有的委员建议将“行政法规”修改为“法规”。

4. 有的委员建议删去草案第五条“评估专业人员从事评估业务”中的“从事评估业务”。有的同志提出，第五条和第十四条都规定评估专业人员只能在一个评估机构从事业务，建议删掉一处。有的代表建议增加规定评估专业人员只能在一个评估机构担任股东。

5. 有的委员建议将草案第六条“评估行业可以按照专业领域依法设立行业协会”中的“可以”修改为“应当”。有的委员建议删去“按照专业领域”。有的委员建议在“实行自律管理”前加“依法”。有的委员建议在“有关评估行政管理部门”后加“和社会”。有的委员建议将“监督”修改为“监督管理”。

6. 有的委员建议删去草案第七条“有关评估行政管理部门按照各自职责分工”中的“按照各自职责分工”。有的委员建议在“对评估行业进行监督管理”中的“评估行业”后加“评估活动”。有的委员建议将监管部门的层级“设区的市级以上”修改为“地级市以上”。有的委员建议将监管权下放至县级人民政府。有的委员建议明确具体负责统筹协调的部门。

7. 有的委员建议删去草案中“有关评估行业协会”、“有关评估行政管理部门”中的“有关”。有些常委会组成人员建议明确“有关评估行政管理部门”的范围。

8. 有的委员建议增加一条规定：“未经相关程序和评估行政管理部门批准，任何机构和个人不得从事评估活动。”

9. 有的委员建议对国外的评估从业人员、评估机构在中国境内从事评估业务进行规范，评估行政主管部门对外商投资设立评估机构以及外资评估机构从事涉及国家经济安全领域的评估业务的，应当进行安全审查。

10. 有的委员建议明确评估机构收费的原则、方式和标准。

（二）关于评估专业人员

11. 有的常委委员和列席代表建议明确草案第八条中“具有评估专业知识及实践经验的评估从业人员”的含义。有的委员建议明确由哪个主体对评估专业人员是否具有专业知识和实践经验进行认定，并增加规定：“评估机构对其具有评估专业知识及实践经验的评估从业人员的评估水平和能力负法律责任”。有的委员提出，评估专业人员是否具有专业知识和实践经验，应该由行业主管部门确定。

有些委员、代表提出，将评估专业人员门槛降得太低不妥。有些常委会组成人员建议明确评估从业人员的资格许可。有的委员建议明确经过注册的资产评估师才能从事法定评估业务。张玉坤代表建议实施评估专业人员资格认定制度。

有的委员提出，草案第八条取消了职业资格行政许可，但第三十二条又规定了从事法定评估业务的职业资格许可，前后是否一致，建议斟酌。

有的委员建议明确评估专业人员从业的地域范围。有的委员建议评估师不作专业类别划分。

12. 有些常委会组成人员提出，法律不宜授权协会组织评估师资格考试，建议删去草案第九条关于由评估行业协会组织评估师资格考试的规定；有的副委员长提出，这一条规定感觉还是设立了一个新的许可，是否有必要，如果确有必要，可否由国务院制定配套法规作出规定，建议再斟酌。有的委员建议明确资格考试的性质。有的委员建议评估师资格全国统一考试由国务院评估行政管理部门负责组织实施。有的代表建议由一个部门统一协调评估师资格考试。有的同志建议规定，评估师职业资格全国统一考试由有关全国性评估行业协会负责组织实施，考试办法由国务院人力资源主管部门会同国务院有关资产评估行政管理部门制定。有的委员建议将第二款中的“专科以上”修改为“中专以上”。

有的委员提出，草案关于评估师和协会的有关规定，不宜太具体，应进一步淡化。

13. 有的委员建议将草案第十条关于评估行业协会公布评估师名单的规定移至第五章，并增加规定公布“评估机构名单”。有的委员建议增加规定公布“具有评估专业知识及实践经验的从业人员名单”。有的委员建议增加规定公布“相关信息”。

14. 有的代表建议草案第十一条区分故意犯罪和过失犯罪，故意犯罪的，应当终身禁止从业。

15. 有些常委委员提出，草案第十二条第四项规定的依法签署评估报告的权利只能由评估师行使。有的委员建议区分评估专业人员和评估师的权利。

16. 有的委员建议删去草案第十三条“评估专业人员在评估活动中应当履行下列义务”中的“在评估活动中”。有的代表建议将第二项中的“评估准则”修改为“评估标准”。有的委员建议删去第三项中的“完成规定的继续教育”；有的委员建议将这一项移至第五章或者第六章进行规定。有的委员建议在第五项

“商业秘密”后加“委托人不愿公开的事项”。

17. 有的代表建议增加评估专业人员申请回避的程序。

18. 有的委员、代表建议明确草案第十四条、第二十条中的“虚假评估报告”、“有重大遗漏的评估报告”的认定主体，以及评估机构、评估专业人员对认定不服的救济途径。有的委员建议将草案第十四条第二项中的“两个以上评估机构”修改为“两个及两个以上评估机构”。

（三）关于评估机构

19. 有的副委员长建议将草案第十五条关于设立评估机构应当具备两名或者八名评估师规定中的“评估师”修改为“评估专业人员”。有的委员建议将“采用合伙或者公司形式”修改为“采用合伙企业法规定的合伙制或者公司法规定的公司制”，并明确是否可以采用有限合伙形式。有的委员建议删去公司制，只保留合伙制，并将第二款和第四款合并。

有的委员建议恢复公职评估机构的规定，或者在第十五条第一款增加规定：“法律另有规定的除外”。有的委员提出，资产评估法要为房地产税法预留接口，确保房地产税法能够与资产评估法衔接。有的代表建议增加有关评估机构注册资本的规定。

有的委员提出，第二款、第三款规定合伙人、股东三分之二以上应当是评估师，没有必要，且难以做到。有的委员提出，要求公司制评估机构应当有两名以上股东没有必要，建议删去，并将第三款中的“三分之二以上股东”修改为“三分之二以上的高级管理人员”，同时明确可以有法人股东。

20. 有的委员建议草案第十六条进一步明确评估机构设立的程序，规定由评估行政管理部门进行许可，删去由评估行政管理部门备案的规定，并规定评估机构名称中应当有“评估”二字，明确评估机构可否从事其他经营活动。有的委员建议明确向哪一级工商行政管理部门申请登记。有的代表建议在“工商行政管理部门”前加“乡镇以上”。

21. 有的委员建议将草案第二十一条修改为：“评估机构根据业务需要，完善风险防范机制，建立职业风险基金；或者自愿办理职业责任保险。”有的委员建议将“自愿办理职业责任保险”修改为“应当建立职业责任保险”。

（四）关于评估程序

22. 有的委员建议在草案第二十二条第二款“由全体当事人协商委托评估机构”中的“协商”后加“确定”。有的委员建议在“由全体当事人协商委托评估机构”前加“有相关规定的，按照相关规定执行，没有相关规定的”。

23. 有的委员建议简化草案第二十三条第二款关于委托人支付费用的规定。有的代表建议明确“变相索要、收受回扣”的含义。

24. 有的委员建议将草案第二十六条中的“除依据评估执业准则只能选择一种评估方法的外，应当选择两种以上评估方法”修改为“依据评估执业准则选择评估方法”。

25. 有的委员建议将草案第二十七条第一款、第三十二条第二款中的“评估报告应当由两名以上承办该项业务的评估师签名并加盖评估机构印章”修改为“评估报告应当由两名以上承办该项业务的评估师签名，或者由评估师和评估专业人员共同签名并加盖评估机构印章”。有的同志建议明确评估报告的基本格式和要素。

26. 有的委员建议将草案第二十八条和第三十二条中评估档案的保存期限放在一条规定，并建议将一般评估档案的保存期限修改为不少于30年，法定评估业务的评估档案保存期限修改为不少于70年。

27. 有的委员建议草案第二十九条进一步明确委托人对评估机构的解释仍有异议的，应当如何处理。

28. 有的代表建议将草案第三十条中的“应当及时调查处理”修改为“应当在接到书面投诉举报后30日内进行调查处理，并将调查结果书面告知委托人”。

29. 有的同志建议草案第三十一条明确评估报告的有效使用日期和范围。

30. 有的委员建议草案第三十二条增加规定，选择评估机构应当遵循公开、公平、公正原则；评估报告在五年期限内由有关监管部门对其必要性、合理性进行检查。有的委员建议规定评估报告应当向评估行业协会备案，并向社会公开。

（五）关于行业协会

31. 有的代表建议将第五章章名“行业协会”修改为“社会组织”。

32. 有的委员建议草案第三十三条第二款明确设立统一的“中国评估协会”。

33. 有的委员建议简化草案第三十四条关于协会章程的规定。

34. 有的委员建议草案第三十五条明确评估机构、评估专业人员应当加入全国性评估行业协会和地方性评估行业协会。

35. 有的委员建议删去草案第三十六条第七项中的“会员”。有的委员建议增加规定会员对行业协会的惩戒措施不服的，有权申请行政或者司法救济。

36. 有的委员建议建立和完善评估师职业培训和年度考核机制，切实加强信用体系建设。行政监管部门应当切实加大监管和支持力度，有效组织和整合相关机构信息资源，进一步扶持和推动评估行业协会加强沟通协作和信息共享。

（六）关于监督管理

37. 有的委员建议草案第三十九条明确评估执业准则由国务院有关评估行政管理部门组织制定，并增加国务院应当制定实施条例的规定。

38. 有的委员建议草案第四十条增加将处罚情况直接向社会公布的规定。

39. 有的委员建议草案第四十一条进一步明确对评估行业协会实施监管的主体和监管的内容。

40. 有的委员建议删去草案第四十二条“不合理限制”中的“不合理”。有的委员建议将“不合理”修改为“不符合法规”。

（七）关于法律责任

41. 有些委员建议将草案第四十四条中的“三个月以上六个月以下”修改为“六个月以上一年以下”，将“六个月以上五年以下”修改为“一年以上五年以下”；将草案第四十五条中的“六个月以上一年以下”修改为“一年以上五年以下”，将“一年以上五年以下”修改为“责令终身禁业”；草案第四十九条增加终身禁业的处罚。

42. 有的委员建议草案第四十四条增加规定，情节严重的，可以吊销从业资格。孙菁代表建议删去该条中的“有违法所得的”。

43. 有的委员建议草案第四十五条、第四十八条对签署虚假评估报告和签署有重大遗漏的评估报告的法律责任进行区分，加重签署虚假评估报告的法律责任，规定终身禁业或者延长禁业期限。有的代表建议对评估过程中的重大欺诈行为追究刑事责任。

44. 有的委员建议草案第四十七条增加规定被吊销营业执照的评估机构负责人或者法定代表人的法律责任，如二年内不得担任评估机构负责人或者法定代表人。

45. 有的委员建议明确草案第五十一条中“造成损失，依法承担赔偿责任”的责任主体是委托单位，还是委托单位直接负责的主管人员和其他直接责任人员。草案第五十二条第一款第一项与第五十一条规定重复，建议删去。有的委员建议将草案第五十一条、第五十二条中的“造成损失的”修改为“造成国有资产和公共利益损失的”。有的委员建议提高草案第五十一条、第五十二条的罚款额度。

46. 有的委员提出，草案第五十三条中的“依法给予处罚”规定过于原则，建议进一步明确。有的委员建议明确“依法给予处罚”的具体法律依据。

47. 有的同志建议草案第五十四条对行政管理部门和评估行业协会的违法行为分别表述，并进一步明确各自的法律责任。

48. 有的委员建议增加违反草案第三条第二款关于法定评估规定的法律责任。有的副委员长建议增加违反草案第十三条第五项、第六项有关保密和回避制度的法律责任。有的委员建议增加违反草案第四十三条有关评估管理部门与协会、评估机构脱钩规定的法律责任。

49. 有些委员和代表提出，草案对遭受经济损失的当事人救济规定不多，建议更多利用职业责任保险等民事手段，建立当事人损失补偿机制。

（八）关于附则

50. 有的代表建议增加一条规定：“法律、行政法规对评估管理另有规定的，从其规定。”

社会公众对资产评估法（草案）的意见

2012年2月29日至3月31日，全国人大常委会通过中国人大网向社会公开征求对《中华人民共和国资产评估法（草案）》（以下简称“草案”）的意见，全国各地社会公众通过网络、来信等方式踊跃表达意见。中国人大网共收到6372位网民提出的156122条意见，群众来信50封。现将主要意见简报如下：

一、对草案总的反映

有些意见提出，为适应国民经济发展的需要，规范评估行业，保护委托人、评估师的合法权益，提高评估专业服务质量，制定资产评估法是必要的。有些意见提出，评估行业目前分属不同部门管理，作为委托人的企业进行资产评估，不得不面对多个管理部门，分别委托不同的评估机构，重复委托、重复付费现象普遍，评估成本很高，企业非常无奈。希望通过立法整合评估行业，减少企业负担。

有些意见提出，草案的规定与现行评估行业管理体制和做法不一致，担心立法给评估市场带来冲击和混乱，建议再作深入调研或者先由国家研究出台评估行业改革总体方案后再考虑立法。

有些意见提出，草案的行政管理色彩过浓，对整个评估行业应共同遵守的基本原则和制度规定不足。建议认真总结评估行业发展的经验，从注册评估师和评估机构的专业资质、应遵守的职业道德和执业准则、促进公平竞争、规范业务收费，保护评估当事人合法权益等方面对草案进行修改，将现行有效的制度规范化、法制化。有些意见提出，立法重点应放在对国有土地、国有资产的评估上。

二、关于本法名称

有些意见提出，注册评估师与律师和注册会计师，都是为社会提供中介服务的专业人员，建议参照律师法和注册会计师法，将本法名称改为“注册评估师法”或者“评估师法”。

有些意见提出，草案说明指出本法涵盖“包括资产评估、房地产估价、土地估价、矿业权评估、旧机动车鉴定估价和保险公估在内的六大类评估专业”，而草案的名称却叫“资产评估法”，容易引起混淆，建议改为“评估法”、“估价法”或者“估值法”。

三、关于管理体制

草案第六条规定，“国务院建立资产评估行业管理协调配合机制，负责协调和指导资产评估行业发展”。草案第三十六条规定，“国务院财政主管部门会同相关行政主管部门组织实施资产评估行业管理协调配合机制”。

有些意见提出，实行统分结合的管理体制是一种进步，有利于评估行业的整合及长远发展，赞成草案的规定。有些意见提出，这种体制不符合现代社会专业分工日益细化的趋势，不符合现行作法和国务院各部门之间的职能分工，建议进一步广泛征求意见，再作研究。

有些意见提出，草案对统分结合管理体制的规定不够清晰，管理协调配合机制与相关行政管理部门的法律地位、职责范围及相互间的关系没有界定清楚，建议明确。

有些意见提出，国务院财政主管部门同国务院其他相关行政主管部门一样，负责对某类评估行业的监督管理，地位不超脱。建议另行规定没有利益关系的部门牵头组织实施评估行业管理协调配合机制。

四、关于评估业务种类与评估机构

草案第二条第二款规定，“资产评估业务包括不动产评估、动产评估、无形资产评估、企业价值评估和其他经济权益的评估。”

有些意见建议，将草案说明中列出的六大类评估专业，在本法中明确规定，以避免引起对本法适用范围的争议。

有些意见建议，明确将价格鉴证、森林资源评估、矿产资源评估、珠宝价值鉴定等专业评估纳入本法调整。

有些意见建议增加规定，司法程序中当事人要求评估的，司法机关可以根据当事人的请求指定评估机构，如果一方或者双方当事人对评估结果提出质疑的，注册评估师应当出庭作出说明。

草案第二十条规定，“设立评估机构，应当依法采用合伙或者公司形式”。有些意见提出，为切实落实风险责任，评估机构应尽可能采用合伙形式；如采用公司制，应限制非注册评估师的持股比例，规定注册评估师的出资须超过注册资本的80%。

有些意见建议，规定评估机构的合伙人或者股东及法定代表人必须是注册评估师。有些意见赞成草案的规定，认为如果要求评估机构的合伙人或者股东必须是注册评估师，限制了机构投资者进入，不利于评估机构做大做强。

有些意见建议，在草案第二十五条“委托人拒绝提供执行评估业务所需的文件、证明和相关资料的，评估机构有权中止履行合同”的基础上增加规定，评估机构对由此而产生的损失不承担任何赔偿责任，已发生的评估费用由委托人承担。

五、关于注册评估师

有些意见提出，目前评估行业面临两大问题。一是一些公务员、国有企事业单位人员，通过考试取得资格后，挂在评估机构，但利用身份和权力给所在机构介绍业务，索取佣金；二是恶性竞争，相互压价问题突出，不给回扣基本拿不到评估业务。这既损害了评估师的利益，扰乱了评估市场秩序，又损害了行业声誉，助长了腐败。建议立法对此作出规范。有的意见建议，增加规定公务员、企事业单位人员不得报考注册评估师。有的建议规定评估机构不得聘请上述人员在本机构兼职。

有些意见提出，草案规定由行业自律组织组织实施注册评估师资格考试，与现行的某些评估师资格考试由人力资源和社会保障部门组织实施的做法不一致，建议再作研究。

有些意见提出，各评估专业之间差别很大，估价理论、方法及制度政策的考试科目，都要与具体评估对象的特点相结合；为各评估专业设置公共科目考试，将增加考生负担，建议删去草案第九条中关于注册评估师资格考试分为公共科目和专业科目的规定。有些意见提出，草案的这一规定有利于减轻不同类别评估师的考试负担，应予保留。

草案第十条第二款规定，“完成经国务院资产评估行业管理部门认可的高等院校资产评估专业课程，取得学士以上学位的人员，可免试相关科目”。有些意见建议，将其中的“学士”改为“硕士”。有的意见建议删去免试的规定。有的意见建议增加规定，具有两年以上评估工作经验的人员才可参加考试。

草案第十六条第四项规定，注册评估师应“对执业中使用的有关文件、证明、资料采取必要措施确信其合理性”。有些意见提出，“必要措施”含义不清，这一规定将导致评估师承担责任过大，建议删去。有些意见建议将“采取必要措施确信其合理性”改为“根据评估准则尽专业关注义务”。

六、关于自律组织

草案第四十一条第一款规定，“资产评估行业应当设立全国性自律组织”。有些意见认为，设立统一的资产评估行业全国性自律组织，可为整个评估行业创造公开、公平、公正的执业环境；同时建议明确全国性自律组织的产生方式。有些意见提出，现在的六大类评估专业各有自己的协会，设立统一的全国性自律组织比较困难，还是应当按照专业类别设立全国性自律组织。

有些意见提出，应充分发挥行业自律组织的作用，建议将草案中关于由资产评估行业管理部门制定评估准则、标准的规定，改为由行业自律组织制定。

七、其他意见

1. 有的意见建议增加规定，评估报告的有效期限为一年，评估报告不能用于本次评估以外的目的。

2. 有的意见建议，应对本法中的“虚假评估报告”作出界定，并由资产评估行业自律组织或者资产评估行业管理部门负责认定评估报告是否虚假。

3. 有些意见提出，草案对注册评估师和评估机构法律责任的规定过于严厉。有些意见提出，草案对评估违法行为的处罚规定整体偏轻，建议加重注册评估师和评估机构的民事责任和行政责任。

4. 有些意见提出，草案第五十七条“国家可以根据需要设立公职评估机构”的规定，不符合政府加快职能转变的改革方向。政府需要对某一财产进行评估时，应委托社会专业机构承担，建议删去本条。

资产评估法草案二次审议稿向社会公众征求意见的情况

2013年8月，十二届全国人大常委会第四次会议对资产评估法草案进行了二次审议。2013年9月6日至10月5日，全国人大常委会通过中国人大网公布资产评估法（草案二次审议稿）（以下简称草案二次审议稿），再次向社会公众征求意见。截至10月5日，共收到1360位网民的32642条意见和4封群众来信，现将主要意见简报如下：

一、总的意见

有些意见提出，出台资产评估法十分必要，对于明确资产评估师的法律地位，保障资产安全、保护投资者利益、维护经济秩序、防范风险，保障交易公平具有重要意义，建议尽快出台。

有些意见提出，促进行业协会的自身建设和健康有序发展是草案二次审议稿的亮点，体现了简政放权、政社分开和一业多会的要求，相关修改使有关制度的设计更趋合理，较一审稿有很大的进步。

有的意见提出，二次审议稿总体上的感觉是“向各利益团体的妥协”，对涉及的许多重大问题和制约评估行业发展的许多瓶颈问题并未提出有效的解决办法。

二、关于本法名称

有些意见提出，资产评估仅是评估行业的一个具体类别，以“资产评估法”作为本法的名称容易引起歧义，也有失公允，建议改为“评估法”、“估价法”、“财产评估法”或者“估值法”。

三、关于管理体制

有的意见提出，评估行业的国际惯例是以行业自律管理为主，应加强自律组织在行业管理中的作用。草案二次审议稿在此方面有了很大进步，但还应进一步加强，以与国际上的通行做法接轨。有的意见提出，从资产评估行业现状来看，行业协会缺乏自我管理能力，单靠自律组织难以保证评估行业的健康发展，建议由行业管理部门加强监管。

草案二次审议第七条规定，“国务院建立资产评估行业管理协调配合机制，负责协调和指导资产评估行业发展。有关资产评估行政管理部门依法对资产评估行业进行监督。”第四十三条规定，“国务院财政部门会同有关行政管理部门组织制定注册评估师职业道德准则、注册评估师资格全国统一考试办法和执业管理办法。”有的意见提出，上述规定未能改变目前政出多门、多头管理、市场分割的混乱局面。建议由统一的行政管理部门进行监管。有的建议由没有利益关系的部门牵头组织实施评估行业管理协调配合机制。

四、关于评估业务的分类

草案二次审议稿第二条第二款规定：“资产评估业务包括不动产评估、动产评估、无形资产评估、企业价值评估和其他经济权益的评估。”有的意见提出，本条规定的评估业务范围太广，应再具体一些，建议在现行的六大评估分类的基础上，增加具体的类别，如：矿业权评估、森林资源评估、珠宝价值鉴定等，以涵盖所有的评估类别。有的意见建议应将目前存在的六大类评估专业，在本法中明确规定，以避免引起对本法适用范围的争议。有的建议在“和其他经济权益的评估”后面增加“等”字，使评估业务更具有广泛性。

有的意见提出，“企业价值评估”没有具体标的物，是一种混合概念，更多的是作为企业内部管理的工作评价或是绩效考核及预测咨询评价，企业价值是否需要评估、如何评估，还需进一步探讨，建议删除。有的建议将涉案物品评估纳入本法调整。

五、关于注册评估师

草案二次审议稿第九条规定：“国家根据经济社会发展需要设定注册评估师专业类别。”有的意见提出，应具体结合目前评估师的专业类别情况，明确注册评估师的专业类别和执业范围。有的意见提出，目前的六大类评估师与将要设定的注册评估师类别之间如何衔接应明确。

有的意见提出，应建立各类注册评估师资格互认制度，对已取得资格的评估师，考取其他类别的评估师时可以免考部分科目。

草案二次审议稿第十一条对参加注册评估师考试的学历要求作了规定。有的意见提出，应放宽学历界限，规定只有专科以上学历的公民才能参加考试，容易造成歧视。有的建议将学历条件提高到本科以上学历。有的建议增加具有两年以上评估工作经验的人员才可参加考试。有的意见提出，考试条件可以放在考试办法中规定，不需要在法律中予以规定。

草案二次审议稿第十一条规定，“考试成绩合格的，由有关资产评估行业协会颁发成绩合格证书。”有的建议应由政府部门颁发合格证书，这样比较有公信力。

草案二次审议第十三条第一款规定：“持有注册评估师资格考试成绩合格证书，在评估机构从事相应评估业务两年以上的，可以向有关资产评估行业协会申请执业注册。”有的意见提出，“在评估机构从事相应评估业务两年以上”的规定在理解上有歧义，是指自持有成绩合格证书起从业满两年，还是在持有成绩合格证书之前参加评估工作满两年，建议予以明确。

草案二次审议稿第十三条第二款对不予注册的情形作了规定。有的意见提出，对因故意犯罪或者在从事评估等活动中过失犯罪，以及在从事评估活动中因违法受到行政处罚或者被开除公职人员规定允许再次注册的期限为“五年”有点长，应区别情况，限制为一至三年为宜。有的意见提出，被吊销注册评估师执业证书和以欺骗、贿赂等不正当手段取得注册评估师执业证书，其行为的危害性相对于受刑事处罚、行政处罚和开除公职的要轻，却不允许再次注册，不合理，建议修改。有的意见提出，对于受到刑事处罚的人员应当终身禁止从业。有的意见建议增加无民事行为能力或者限制民事行为能力不予注册的规定。有的意见建议公务员及事业单位人员不得申请执业注册。

草案二次审议稿第十四条第二款规定：“不予注册的，有关资产评估行业协会应当自决定作出之日起十五个工作日内书面通知申请人并说明理由。”有的建议增加对行业协会不予注册的救济途径的规定。

草案二次审议稿第十八条第四项规定，注册评估师在执业活动中“对执业中使用的有关文件、证明和资料的真实性、准确性、完整性进行核查和验证。”有的意见提出，这一条规定超越了注册评估师的执业能力，将导致评估师承担责任过重，建议删去。

六、关于评估机构

草案二次审议稿第二十一条对评估机构的设立条件作了规定。有的意见提出，评估机构股东人数与评估师的人数受行业、学科、地区发展水平以及业务种类、业务量等诸多因素影响，因各领域、各地区、各阶段情况的不同而有着很大的区别，设立评估机构要区分不同地域、不同行业的客观需要，不能一刀切。有的意见提出，规定两名注册评估师就可以注册合伙形式的评估机构，将会有很多微小型的评估机构出现，加剧市场的无序竞争，建议提高评估机构的设立门槛。也有的意见提出，评估机构的设立门槛过高，将造成机构垄断，不公平竞争。还有的意见提出，评估机构的性质是人合而不是资合，建议取消公司形式的评估机构。

草案二次审议稿第二十二条规定，“评估机构应当自领取营业执照之日起三十日内向有关资产评估行政管理部门备案。”有的意见提出，应取消评估机构向行政部门备案，建议改为向行业协会备案。

草案二次审议稿第二十三条规定：“评估机构开展业务不受地域和行业限制。”有的意见提出，“不受地域和行业限制”的涵义模糊，易产生误解，造成评估行业相关专业领域之间的业务交叉，在实践中这一条也容易被滥用，建议修改。

草案二次审议稿第二十八条第五项规定，评估机构不得“分别接受利益冲突双方的委托，对同一评估对象进行评估。”有的意见提出，此种情况在业务操作中较为常见，不应禁止，建议删除。

有的意见提出，职业责任保险是国际评估行业发展的方向及趋势，国内不少评估机构也办理了职业责任保险，建议增加职业责任保险的规定。

七、关于评估委托与报告使用

草案二次审议稿第三十三条规定，有关资产评估行政管理部门或者行业协会应当及时调查处理委托人对评估师和评估机构的投诉、举报。有的建议应该明确调查处理的具体期限。

八、关于行业协会

草案二次审议稿第六条规定，“资产评估行业可以按照不同领域依法设立行业协会，实行自律管理，接受有关资产评估行政管理部门的监督。”有些意见提出，目前多个协会并存模式不但没有促进行业发展，反而从某种程度上降低了整个评估行业的公信力。评估领域交叉、同一领域规范不一、互不认同报告、互设进入障碍、恶意竞争等时有发生。建议整合现有的行业协会，设立全国统一的行业协会，下设若干个专业分会或专业委员会，对评估行业实行自律管理。

有的意见提出，应对行业协会如何设立加以具体规定，如行业协会除了全国性行业协会外，是否要设立地方行业协会等，要予以明确。

草案二次审议稿第三十九条规定，“注册评估师、评估机构应当加入资产评估行业协会。”有的意见提出，从英国、美国等发达国家和我国香港、台湾地区的情况看，行业组织只有个人会员，没有单位会员，建议评估机构是否加入行业协会应遵循自愿原则。

九、关于法律责任

有的意见提出，草案二次审议稿未对评估机构不向行业管理部门备案，注册评估师未按照注册的专业类别执业的法律责任作出规定，建议增加。

草案二次审议稿第五十条规定，注册评估师违反本法规定，情节严重的，吊销注册评估师执业证书。有的意见提出，注册评估师执业证书是行业协会颁发的，由行政部门吊销不合适，应交给行业协会自律管理。

十、其　他

1. 草案二次审议稿第一条规定了立法目的。有的意见提出，将保护“公共利益”作为立法目的之一，会导致各方理解上的差异，造成以“公共利益”为由侵犯他人合法权益，建议斟酌。

2. 草案二次审议稿第二条第一款规定：“本法所称资产评估，是指注册评估师和评估机构测算资产价值的专业服务行为。”有的意见提出，评估不仅仅是测算，还包括分析判断等，建议将“测算”修改为“分析判断及估算”。

3. 草案二次审议稿第五条规定，“注册评估师和评估机构执业必须遵守法律、行政法规和评估准则。”有的建议将“评估准则”改为“国家技术标准”。

4. 草案二次审议稿第二十四条第四款规定：“评估档案的保存期限不少于十五年。”有的意见提出，评估档案的保存期限过长，加重了评估机构的档案管理负担，建议修改。

5. 草案二次审议稿第四十条第四项规定，“资产评估行业协会组织开展会员后续教育。”有的意见提出，“后续教育”一词为早期的用法，目前已不常用，建议改为“继续教育”。

6. 草案二次审议稿第五十四条规定，“注册评估师因违法执业被记入信用档案累计至三次的，由有关资产评估行业协会注销注册评估师执业证书并予以公告。”有的建议明确此种情况下，被注销注册的资产评估师是否可以再次申请注册。

7. 有的建议恢复草案一审稿关于公职评估的规定。理由是，目前确实存在一些公职评估机构，如果本法不作规定，将使这些机构的存在缺乏法律依据。

资产评估法草案三次审议稿向社会公众征求意见的情况

2015 年 8 月，十二届全国人大常委会十六次会议对资产评估法草案进行了第三次审议。9 月 8 日至 10 月 7 日，全国人大常委会通过中国人大网，全文公布资产评估法草案三次审议稿，公开征求社会公众意见，共有 753 名网民提出 3020 条意见。现将主要意见简报如下：

一、总的意见

有的提出，制定资产评估法，对于规范评估活动、促进评估行业发展具有重要意义。建议加快立法进程，早日颁布该法。有的提出，资产评估立法的主要目的之一是改变以行政体制分割评估市场的现状，如果达不到此目的，说明立法条件尚不成熟，不能为立法而立法。

有的提出，在我国，资产评估有特定含义，专指财政部主管的资产评估师和资产评估机构的评估活动，不能涵盖整个评估行业。本法是规范评估领域的基本法，建议将法名修改为“评估法”，并将条文中的“资产评估”修改为“评估”。

有的提出，不能将目前已存在的六大评估行业简单归并为资产评估。三次审议稿没有厘清评估专业类别，仅用“有关”、“相关”等词语，内容含糊，逻辑不够清晰。

二、关于评估师

三次审议稿第二章的章名为“评估师”。有的提出，本法的法名为资产评估法，与之相对应，建议将该章章名修改为“资产评估师”；有的建议修改为“估价师”；有的建议修改为“注册评估师”。

三次审议稿第八条第二款规定，国家根据经济社会发展需要设定评估师专业类别。有的提出，评估师专业类别不宜太多，建议主要分为不动产与动产两种；有的建议分为动产、不动产和综合评估师三种。

三次审议稿第九条规定，国家对评估师实行水平评价类职业资格管理制度，法律另有规定的，依照其规定。有的提出，取消评估师职业准入的原因主要是没有法律依据，鉴于评估活动关系到国有资产和公民、法人财产安全，且有一定专业性，建议仍然实行注册制。

三次审议稿第十条规定，国家实行评估师职业资格全国统一考试制度。有的建议增加规定，考试内容分基础科目和专业科目。通过基础科目和专业科目考试的，取得评估师专业资格。各专业科目相同的，应相互认可。

三、关于评估机构

三次审议稿第十七条第三款规定，采用公司形式设立评估机构，应当有八名以上评估师和两名以上股东。有的提出，有些评估行业，如矿业权评估行业评估师整体人数规模有限，八名以上评估师的要求太高，建议将“八名”修改为“四名”。

有的提出，评估活动特别是不动产评估专业性较强，建议增加规定，评估机构只能在其专业领域内执业。

有的提出，对评估机构应当实行分级管理，评估机构只能承揽与其专业能力、物力、财力等相当的评估业务，不能越级承揽业务。

有的建议增加有关公职评估机构的规定。

四、关于评估程序

有的提出，三次审议稿第四章的章名“评估程序”与内容不符，建议修改为“评估委托人与其他评估报告使用人”。

有的提出，评估程序属于行业准则的内容，并会随着市场的变化、行业的发展等因素不断更新，应当尊重行业的专业性、权威性及市场的变化，不宜以法律形式予以固定，建议由各专业评估准则进行规定。

五、关于行业协会

三次审议稿第三十四条第二款规定，评估行业按照专业领域设立全国性评估行业协会。有的意见提出，应当改变目前六个行业分别成立协会进行管理的状况，成立统一的协会，以便于统一政策，统一评估标准，加强对评估人员的统一管理。有的意见提出，目前的规定有利于达成共识，减少立法阻力，是可行的。但从长远来看，应当成立统一的行业协会进行统一管理。

图书在版编目（CIP）数据

中华人民共和国资产评估法解读／全国人大常委会法制工作委员会行政法室编著．—北京：中国法制出版社，2016.7

ISBN 978－7－5093－7650－8

Ⅰ．①中… Ⅱ．①全… Ⅲ．①资产评估－法规－法律解释－中国 Ⅳ．①D922.290.5

中国版本图书馆 CIP 数据核字（2016）第 158236 号

策划编辑：谢 雯　　责任编辑：谢 雯　　封面设计：蒋 怡

中华人民共和国资产评估法解读

ZHONGHUARENMINGONGHEGUO ZICHAN PINGGUFA JIEDU

编著/全国人大常委会法制工作委员会行政法室

经销/新华书店

印刷/河北省三河市汇鑫印务有限公司

开本/880 毫米×1230 毫米 32 开　　印张／9.25　字数／160 千

版次/2016 年 7 月第 1 版　　2016 年 7 月第 1 次印刷

中国法制出版社出版

书号 ISBN 978－7－5093－7650－8　　定价：36.00 元

北京西单横二条 2 号　　值班电话：66026508

邮政编码 100031　　传真：66031119

网址：http：//www.zgfzs.com　　**编辑部电话：66010493**

市场营销部电话：66033393　　**邮购部电话：66033288**

（如有印装质量问题，请与本社编务印务管理部联系调换。电话：010－66032926）